Kirsten Lux und Lisa Graf-Riemann

111 Orte auf La Palma, die man gesehen haben muss

111

emons:

Bibliografische Information der Deutschen Nationalbibliothek
Die Deutsche Nationalbibliothek verzeichnet diese Publikation
in der Deutschen Nationalbibliografie; detaillierte bibliografische
Daten sind im Internet über http://dnb.d-nb.de abrufbar.

© Emons Verlag GmbH
Alle Rechte vorbehalten
© der Fotografien: Kirsten Lux: 2, 3, 4, 5, 7, 9, 10, 12, 13, 14, 16, 18,
19, 22, 23, 26, 30, 31, 32, 33, 34, 36, 37, 43, 48, 50, 54, 70, 71, 73, 77,
78, 79, 80, 81, 82, 83, 84, 85, 86, 89, 90, 99, 100, 101, 102, 104, 105;
Lisa Graf-Riemann: 1, 6, 8, 11, 15, 17, 21, 24, 25, 27, 28, 29, 35, 38, 39,
40, 41, 42, 44, 45, 46, 47, 49, 51, 52, 53, 55, 56, 57, 58, 59, 60, 61,
62, 63, 64, 65, 66, 67, 68, 69, 72, 74, 75, 76, 88, 91, 92, 93, 94, 95, 96
98, 103, 106, 107, 108, 109, 110, 111;
Fernando Rodríguez Sández: 13; Victoria Torres: 18;
Werner Fornika: 20, 97, 98; Thomas Henke: 87
© Covermotiv: privat
Layout: Eva Kraskes, nach einem Konzept
von Lübbeke | Naumann | Thoben
Kartografie: altancicek.design, www.altancicek.de
Kartenbasisinformationen aus Openstreetmap,
© OpenStreetMap-Mitwirkende, ODbL
Druck und Bindung: CPI – Clausen & Bosse, Leck
Printed in Germany 2019
Erstausgabe 2018
ISBN 978-3-7408-0345-2
Aktualisierte Neuauflage April 2019

Unser Newsletter informiert Sie
regelmäßig über Neues von emons:
Kostenlos bestellen unter
www.emons-verlag.de

Vorwort

La Palma – ein winziger, herzförmiger Fleck auf der Weltkugel, gerade mal 45 Kilometer lang und 27 Kilometer breit. Sie ist die nördlichste aller Kanareninseln und vor allem beliebt bei Individualtouristen und Wiederholungstätern, die mit Wanderschuhen und Funktionsjacke bekleidet den Flieger verlassen, Stille und Erholung in einer einmalig schönen und abwechslungsreichen Natur suchend, abseits von Menschenmassen und lautem Halligalli. So weit, so bekannt.

111 besondere Geschichten über diesen kleinen grünen Mikrokosmos zu schreiben, erschien manchen als ehrgeiziges Unterfangen. Wir Autorinnen können nach unseren ebenso unterhaltsamen wie lehrreichen Streifzügen durch die *isla bonita* dagegenhalten: Nur Platzgründe zwangen uns dazu, irgendwann mit dem Sammeln und Schreiben aufzuhören.

Entdeckt haben wir einige skurrile, originelle Orte, die Sie nicht in jedem Reiseführer finden werden. Ein verwildertes Plumpsklo mit spektakulärer Sicht über Santa Cruz zum Beispiel oder das Ankleidezimmer der auf der Insel hochverehrten Jungfrau vom Schnee. Ein trockenes Flussbett, eingenommen von einer Schar herrenloser Gockel und Hühner. Das zu einer geheimnisvollen Ruine verfallene Häuschen, in dem zu Beginn des 20. Jahrhunderts der erste Strom auf der Insel erzeugt wurde. Die alte Fischermole mit ihren besonderen Gerüchen und dem lebhaften Treiben. In der Altstadt von Santa Cruz versteckte Architekturschätze und das weltweit einzige Fußballstadion auf einem Dach. Eine Straße, die zu Gedichten inspiriert, halsbrecherische »Häfen« an den wilden Küsten des Nordens und einen federleichten Christus aus Amerika. Machen Sie Bekanntschaft mit der ehrenwerten Gesellschaft der palmerischen Kosmologen sowie der Platanologen und entdecken Sie die ältesten Drachenbäume auf den Kanaren.

Entdecken Sie mit uns die Geheimnisse von La Palma und erleben Sie auch die bekannteren Must-sees aus einer neuen Prespektive. ¡Nos vemos!

111 Orte

1 — Die Fajana-Becken | Barlovento
   Pool mit Seegang | 10
2 — Der Kreisverkehr | Barlovento
   Rotonda claustrofóbica | 12
3 — Las Salinas | Barlovento
   Kraftort im Auge des Leuchtturms | 14
4 — Die Dragos gemelos | Breña Alta
   Von einer tragischen Liebe | 16
5 — Das Haus der Zigarren | Breña Alta
   Von einer Pflanze göttlichen Ursprungs | 18
6 — Das Inselkloster | Breña Alta
   Seelenkringel und Marzipan | 20
7 — Der Maropark | Breña Alta
   Der kleine Zoo der Hoffnung | 22
8 — Die Playa Bajamar | Breña Alta
   Seehundstrand ohne Seehunde | 24
9 — Der Quellenweg | Breña Alta
   Wo es den Wanderer dürstet | 26
10 — Der Taufstein | Breña Alta
   Und bist du nicht willig … | 28
11 — Los Cancajos | Breña Baja
   Besser als sein Ruf | 30
12 — Die Casa Amarilla | Breña Baja
   Das zweite Leben des Gelben Hauses | 32
13 — Die Hutmacherin | Breña Baja
   Das besondere Handwerk der Doña Nieves | 34
14 — Der Mirador Risco Alto | Breña Baja
   Von Kunst, Galaxien und schönen Aussichten | 36
15 — Die Saline von Los Cancajos | Breña Baja
   Das arme Kamel | 38
16 — Der staatliche Parador | Breña Baja
   Gediegen, mit einem Hauch von Nostalgie | 40
17 — Die Bananenstraße | Fuencaliente
   Die Krux mit der Monokultur | 42
18 — Die Bodega Matías i Torres | Fuencaliente
   Alte Reben in steilen Lagen | 44

| 19 | Die Heilquelle | Fuencaliente
Wiederentdeckt, aber noch nicht wiedereröffnet | 46

| 20 | Malpique | Fuencaliente
Friedhof ohne Tote | 48

| 21 | Das Meeresmuseum | Fuencaliente
Schutz für den maritimen Kosmos | 50

| 22 | Die Salzgärten | Fuencaliente
Manufaktur mit einem Hauch von Zen | 52

| 23 | Der Sterngucker-Platz | Fuencaliente
Der kleine Mensch im weiten All | 54

| 24 | Der Teneguía | Fuencaliente
Sturm und Drang eines jungen Wilden | 56

| 25 | El Castillo | Garafia
Pilgerziel für Gourmets | 58

| 26 | Die Fajana de Franceses | Garafia
Franzosen und ein Voodoo-Stübchen | 60

| 27 | Im Land der Drachenbäume | Garafia
Das Leben ist Traum | 62

| 28 | Die LP-4 zum Roque | Garafia
Mit dem Auto aufs Inseldach | 64

| 29 | Die MAGIC-Teleskope | Garafia
Von galaktischen Explosionen und Gammablitzen | 66

| 30 | Der Magier von Garafía | Garafia
Ein Provokateur auf heiligem Boden | 68

| 31 | Die Mühle von Llano Negro | Garafia
Wind unter den Flügeln | 70

| 32 | Der Proís von Santo Domingo | Garafia
Wo einst die Boote anlegten | 72

| 33 | Der Wald von La Zarza | Garafia
Wo Kobolde und Hobbits wohnen | 74

| 34 | Der Zauberwald | Garafia
Unterwegs mit Felix und Pluto | 76

| 35 | Der Christus aus Mais | Los Llanos de Aridane
Ein Geschenk aus Amerika | 78

| 36 | Die Finca der Platanologen | Los Llanos de Aridane
Zurück ins Paradies | 80

| 37 | Die Galerie García de Diego | Los Llanos de Aridane
Kunst braucht einen Rahmen | 82

| 38 | Die Glasbläser von Argual | Los Llanos de Aridane
Von Böhmen bis nach La Palma | 84

39 — Die Graffiti | Los Llanos de Aridane
Fassaden zum Staunen und Entdecken | 86

40 — Der Kiosco 7 Islas | Los Llanos de Aridane
Frischer Fisch am Strand | 88

41 — Das MAB | Los Llanos de Aridane
Moderne Behausung für ein uraltes Volk | 90

42 — Der Parque Antonio Gómez Felipe | Los Llanos de Aridane
Ein Park zu Ehren des Zahnarztes | 92

43 — Die Plaza Elías Santos Abreu | Los Llanos de Aridane
La Palmas Naturwissenschaftler | 94

44 — Der Rastro | Los Llanos de Aridane
Wochenendausflug nach Klein-Mexiko | 96

45 — Die Taubenhöhle | Los Llanos de Aridane
Gipsblüten unter dem Lavastrom | 98

46 — Der Aeropuerto La Palma | Mazo
Zwischen Meer und Bananenstauden | 100

47 — Der Faro de Arenas Blancas | Mazo
Weiß wie Schnee auf schwarzem Fels | 102

48 — Das Grab von John Lee | Mazo
Ein Stück Großbritannien auf La Palma | 104

49 — Die Mühlentöpferei | Mazo
Keramik schwarz wie der Sand | 106

50 — Die Punta del Porís | Mazo
Von Lupinen und weiblicher Anatomie | 108

51 — Die Siedlung von Belmaco | Mazo
Das barbarische Gekritzel der Ureinwohner | 110

52 — Der Birigoyo | El Paso
Kleiner Gipfel, große Freiheit | 112

53 — Die Farm der Einwanderer | El Paso
Quartalssäufer und ihre Wolfsmilchfreunde | 114

54 — Die Galería Fuente de Caquero | El Paso
Wo fließt nur all das Wasser hin? | 116

55 — Die Gipfelreiter | El Paso
Mit den Schwarzröcken auf den Pico Bejenado | 118

56 — Der heilige Fels Idafe | El Paso
Damit uns der Himmel nicht auf den Kopf fällt | 120

57 — Die Jungfrau von Fátima | El Paso
Umleitung für die Lava | 122

58 — Die Kraterroute | El Paso
Sieben auf einen Streich | 124

59 — Der Kreislauf des Lebens | El Paso
Die Felsgravuren von El Verde | 126

60 — Der Lavastrom vom Johannistag | El Paso
Durch die Mure und in die Höhle des Löwen | 128

61 — Die Pinie und die Jungfrau | El Paso
Der Methusalem unter den Kiefern | 130

62 — Die Spinnerinnen | El Paso
1.000 Meter in einem Kokon | 132

63 — Der Wolkenwasserfall | El Paso
Wenn der Nebelvorhang fällt | 134

64 — Die Zona de Acampada | El Paso
Eine besondere Nacht unter Sternen | 136

65 — Die zweite Inseletage | El Paso
Auf der kleinen Cumbre | 138

66 — Die Quesería Las Cuevas | Puntagorda
Somewhere in New Mexico | 140

67 — San Mauro | Puntagorda
Aus der Serie »Lost Places« | 142

68 — Die Casa Luján | Puntallana
Volkskunde mit einer Prise Humor | 144

69 — Die Casona Juan de Lugo | Puntallana
Glanz und Gloria der Konquistadoren | 146

70 — Die Fuente de San Juan | Puntallana
Quelle des Friedens | 148

71 — Die Playa de Nogales | Puntallana
Wildes Glück am Strand | 150

72 — El Salto del Enamorado | Puntallana
Wer einmal über den Abgrund springt … | 152

73 — Der La-Palma-Rum | San Andrés y Sauces
Kaffeefahrt mit Rum-Genippe | 154

74 — Das Monumento al Infinito | San Andrés y Sauces
Ein Obelisk für die Ewigkeit | 156

75 — Die Nekropolen von El Tendal | San Andrés y Sauces
Höhlen für die Lebenden und die Toten | 158

76 — San Andrés | San Andrés y Sauces
Wasser, Land und ein Hafen | 160

77 — Der Barranco de las Nieves | Santa Cruz
Von Federvieh und einer brennenden Sardine | 162

78 — Der Barranco Seco | Santa Cruz
Wo der tote Wal begraben liegt | 164

79 — Die Bibliothek der Kosmologen | Santa Cruz
La Palmas papierene Schatzkammer | 166

80 — Das Café von Don Manuel | Santa Cruz
Alles vom Feinsten | 168

81 — Das Caibo | Santa Cruz
Wo die besten Bocadillos gemacht werden | 170

82 — Calle Castillete Número 7 | Santa Cruz
Die Golden Twenties auf La Palma | 172

83 — Die Casa Tey | Santa Cruz
Tee und Kultur unter einem Dach | 174

84 — Das Centro Comercial | Santa Cruz
Viel Lärm um nichts | 176

85 — Die Clínica Camacho | Santa Cruz
Kanarische Bauhaus-Architektur | 178

86 — Der Electrón | Santa Cruz
Elektrisches Licht für die Weltstadt Santa Cruz | 180

87 — Das Enriclai | Santa Cruz
Speisen im kleinsten Restaurant der Insel | 182

88 — La Erita | Santa Cruz
Versammlungsplatz auf 2.100 Metern | 184

89 — Der Festungskerker | Santa Cruz
Eine unfreiwillige Auszeit in Santa Catalina | 186

90 — Die Fischermole | Santa Cruz
Ein authentisches Stück La Palma | 188

91 — Die Guaguas | Santa Cruz
Wer hat das schönste Bushäuschen? | 190

92 — Der Hauptstadt-Strand | Santa Cruz
Ein leiser Hauch von Rio | 192

93 — Die Kleiderkammer der Virgen | Santa Cruz
Schön, schön, schön sind alle meine Kleider | 194

94 — Der Mirador de los Gomeros | Santa Cruz
Die pfeifende Riesin | 196

95 — Die Mühlen von Bellido | Santa Cruz
Mit Wasserkraft zum Klappern gebracht | 198

96 — Die Naturkundesammlung | Santa Cruz
Der lange Arm Alexander von Humboldts | 200

97 — Das Plumpsklo | Santa Cruz
Von Soldaten und tiefen Schluchten | 202

98 — Das Restaurant El Casino | Santa Cruz
International speisen in würdigem Rahmen | 204

99	Das Schiff der Jungfrau	Santa Cruz
	Von Viermastern und Geisterschiffen	206
100	Der Schuster von Santa Cruz	Santa Cruz
	Geschichten aus dem Nähkästchen	208
101	Das Stadion Silvestre Carrillo	Santa Cruz
	Spitzenfußball auf dem Dach	210
102	Das Teatro Cine Chico	Santa Cruz
	Ein neues Zuhause für den Film	212
103	Der Zwerg	Santa Cruz
	Wo Klein Napoleon Polka tanzt	214
104	Der Friedhof	Tazacorte
	Ewige Ruhe im botanischen Garten	216
105	Das Gold von San Miguel	Tazacorte
	Transformierte Bananen	218
106	Das Haus der Zuckerbarone	Tazacorte
	Monteverde und die Märtyrer	220
107	Die modernen Walfänger	Tazacorte
	Von Meeressäugern und Galeeren	222
108	Die Plaza de Simón Guadalupe	Tazacorte
	Das tägliche Herrenkränzchen	224
109	Die Sonnenuntergangsterrasse	Tazacorte
	Ein Drink oder eine Partie Domino	226
110	Die Calle Adiós	Tijarafe
	Die Abschieds- oder Wiedersehensstraße	228
111	Der Turm von El Time	Tijarafe
	Eiserner Wächter am Calderarand	230

1 Die Fajana-Becken
Pool mit Seegang

Dass die meisten der Naturschwimmbecken in den nördlichen Teilen der Kanarischen Insel angelegt sind, liegt am starken Wellengang des Atlantiks, der normales Baden im offenen Meer eher selten zulässt. La Fajana befindet sich an der rauen felsigen Nordostküste La Palmas, ein Freibad mit Meerwasser, neben Charco Azul an der Küste von San Andrés, das größte und beliebteste. Hier unten kann sich die Sonne meist gegen die dichte Nebelsuppe durchsetzen, die sich, selbst in den Sommermonaten, häufig durch die Gemeinde Barlovento zieht.

In vergangenen Zeiten wurden die Becken auch zum Einweichen von Flachs genutzt. Gebündelte Stängel mussten einige Wochen bis zur Weiterverarbeitung in Wasser gelagert werden. Heute ist La Fajana ausschließlich ein Ort der Erholung und beliebter Treffpunkt, vor allem an den Wochenenden und im Sommer. Das Areal ist weitläufig und auf mehrere Terrassen verteilt. Wer einen passenden Liegeplatz gefunden hat, bräunt sich in der kanarischen Sonne, badet oder spaziert und klettert über ruppiges Vulkangestein. In der angeschlossenen Gastronomie löscht man seinen Durst mit einer kühlen *cerveza*. Baden lässt es sich fast ganzjährig, das Wasser ist kristallklar und sauber. Ab und an schwappt eine Welle über den Beckenrand und sorgt so für frisches Wasser.

Bei ruhiger See trauen sich die Mutigen auch über eine Leiter ins offene Meer, am besten mit Maske und Schnorchel, denn die bunte Unterwasserwelt an dieser Stelle ist sehr vielfältig und fischreich.

Wenn der Atlantik im Winter besonders tobt, flattert die rote Fahne im stürmischen Wind, und die Becken bleiben gesperrt. Dennoch lohnt sich ein Abstecher an diesen Ort, dann mit Windjacke statt Handtuch im Gepäck. Wie sich die Wellen unermüdlich auftürmen und mit lautem Getöse Richtung Land rollen, ist ein grandioses Naturschauspiel, dem man stundenlang zusehen möchte.

Adresse Calle La Fajana, 38726 Barlovento | **ÖPNV** Bus 100, Haltestelle Pista Rosales, von hier aus circa 30 Minuten zu Fuß | **Anfahrt** LP-1 Richtung Barlovento | **Öffnungszeiten** ganzjährig geöffnet | **Tipp** Der Mirador Talavera, an der Küste von Barlovento gelegen, diente einst als Bootsanleger. Heute ist er ein besonders reizvoller Aussichtspunkt mit weitem Blick und guter Bademöglichkeit bei ruhiger See.

BARLOVENTO

2 Der Kreisverkehr
Rotonda claustrofóbica

Kreisverkehre sind aus dem spanischen Verkehrsreglement nicht wegzudenken. Auch auf La Palma sorgen sie für den nötigen Flow im täglichen Straßenbetrieb. Es kracht dabei selten, und wenn, dann sind es meistens die Leihwagen der Touristen, weil der arme Fahrer mit so manch aufgemaltem Vorfahrt-gewähren-Zeichen mitten *im* Kreis schlichtweg nicht gerechnet hat.

Gelöste Stimmung also auf den Straßen der schönen Insel. Lediglich in der Gemeinde Barlovento kommt es ab und an zu verzwickten Situationen, vor allem für größere Fortbewegungsmittel. 2016 machte ein Amateurvideo auf YouTube die Runde. Gefilmt wurde ein Sattelschlepper, der in dem Kreisverkehr am Eingang des Ortes seine Runde drehen wollte – und dabei sämtliche Absperrungen abräumte, die in der Mitte des Kreises eine kleine Baustelle sicherten. Scham und Empörung bei Barloventos Bürgermeister Jacob Hijazo und seinen Bürgern über die *rotonda de juguete*, den Spielzeug-Kreisverkehr, der schlichtweg zu eng errichtet wurde, obwohl die Baupläne einen Radius von 30 Metern vorsahen. Dem Großteil aller Pkw- und Motorradfahrer dürfte der Mikro-Kreisel wahrscheinlich ein kleines Grinsen entlocken, nicht nur, weil er schildbürgerlich verplant wurde, sondern weil er außerdem völlig überflüssig scheint, zumindest bis die Ausfahrt der neu erbauten Erweiterung der LP-1 Richtung Garafía endlich freigegeben wird. Weit über 70 Millionen Euro hat das Projekt Kreisverkehr und Ortsumfahrung verschlungen – Fertigstellung ungewiss. Manch einer munkelt sogar, dass Pendler absichtlich weiterhin durch den Ort geleitet werden, bevor dieser in den endgültigen Dornröschenschlaf sinkt.

Barlovento hat es also schwer, ein verlockendes Image aufzubauen. Immerhin: Die Vorfahrtsschilder aus der Zirkelmitte wurden entfernt, so bleibt Bussen und Lkws ein lästiges Rangieren um einen engen Wendekreis erspart.

Adresse Travesía Casco Urbano, 38726 Barlovento | **ÖPNV** Bus 100, Haltestelle Barlovento | **Anfahrt** LP-1 | **Tipp** Ein klein wenig mehr Fahrzeit muss einkalkuliert werden, wenn man die 15 Kilometer lange, pittoreske Carretera Las Mimbreras (LP-109), die nostalgische und tunnelreiche Alternative zur neuen LP-1 zwischen Barlovento und Garafía, abfahren möchte.

3 Las Salinas
Kraftort im Auge des Leuchtturms

Für manche ist der erhöhte Ionengehalt in der Luft die Erklärung für die außergewöhnliche Stimmung an Kraftplätzen, andere glauben an unerklärliche Energien. Fast jeder hat so einen persönlichen, besonders kraftvollen Ort. Einer liegt, etwas versteckt, im Nirgendwo des Nordostens von La Palma. Die Einheimischen nennen ihn »Las Salinas«. Früher trugen die Menschen an dieser Stelle das Salz direkt von den Felsen ab, angelegte Salinen gab es hier nie. So finden Sie ihn:

Auf der LP-1 von Santa Cruz kommend, führt noch vor der Ortschaft Barlovento eine Abzweigung rechts Richtung alter Leuchtturm »Punta Cumplida«. Folgen Sie der asphaltierten Straße durch die Bananenplantagen bis zum Leuchtturm und fahren Sie dann mutig durch die enger werdenden Wege, bis nach etwa einem Kilometer rechter Hand eine Steintreppe auftaucht. Folgen Sie ihr hinab ans Meer. Auf dem kleinen Aussichtspunkt angekommen, ist man nur noch wenige Meter vom tosenden Atlantik entfernt. Das Wasser kracht hier mit enormer Gewalt gegen die Lavaformationen, gurgelt unter ihnen hindurch, um mit lautem Zischen durch offene Lücken weiße Fontänen nach oben auszuspeien. Nach rechts blickend, ragt der Leuchtturm am Klippenrand auf. Darunter rauscht gerade wieder eine Welle an Land und hinterlässt kleine Wasserfälle auf einer Steinplatte, nur für einen Moment, bis zur nächsten Welle. Perspektivenwechsel dann auf einer weiteren Plattform. Der Wind bläst ohrenbetäubend und hat die Gedanken schon längst mit fortgetragen. Die Aussicht über die schroffe Nordostküste ist spektakulär, das Spiel der Wellen an keiner Stelle gleich.

So nah an den Elementen fühlt man sich wie frisch aufgetankt, und die Rückkehr in die Zivilisation fällt etwas schwer. Die Blätter der Bananenstauden werfen durch das Gegenlicht phantasievolle Gestalten an die feinen Schutznetze, die die Plantage einhüllen. Zwischen den Plantagen wird es wieder still.

Adresse Camino de las Barreras, 38726 Barlovento | **ÖPNV** Bus 100, Haltestelle Pista Rosales, dann circa 3 Kilometer Fußmarsch bis zum Aussichtspunkt | **Anfahrt** LP-1 Richtung Barlovento, die Abzweigung »Punta Cumplida« nehmen | **Tipp** Der 30 Meter hohe Leuchtturm von Punta Cumplida wurde 1867 eingeweiht und 2011 als erster Leuchtturm Europas mit LED-Lampen ausgestattet. Derzeit wird der Turm zu einem Luxushotel umgebaut. Meerblick aus allen Zimmern garantiert.

4 — Die Dragos gemelos
Von einer tragischen Liebe

Auf einem liebevoll angelegten Platz im ländlichen San Isidro erheben sich zwei eng aneinanderstehende, majestätische Drachenbäume. Eine steinerne Treppe, gesäumt von immerblühenden Bodendeckern, führt zu den beiden Giganten. Es ist ein ruhiger Ort. Nur tiefes, monotones Bienengesumme und die zarten Gesänge der Kanarienvögel, die im dichten Geflecht der Äste Unterschlupf suchen, sind zu vernehmen.

Die »Dragos gemelos« sind die Protagonisten einer traurigen Liebesgeschichte, die sich einst an dieser Stelle ereignet haben soll. Ein junges Mädchen mit süßem Blicke verliebte sich leidenschaftlich in Zwillingsbrüder. Außerstande, sich für einen zu entscheiden, ließ sie die beiden zum Duell antreten. Die Legende berichtet von einem grausamen, harten Kampf, der traurig endete: Beide starben bei dem Gefecht um das Herz des Mädchens. Von der Tragik gebeutelt, schwor es, sich nie wieder einem Manne zu öffnen, und machte sich auf in unwegsames Gelände, um zwei junge Triebe eines Drachenbaums zu finden, die es zur ewigen Erinnerung an ihre verlorenen Lieben einpflanzte. Das Blut der armen Duellanten fließt angeblich bis heute in den symbolisch eng verwachsenen Stämmen.

2.500 Jahre sollen die *dragos* mittlerweile alt sein, manche sprechen lediglich von einigen hundert. Das Alter ist schwer zu ermitteln. Drachenbäume gehören zur Familie der Lilien- oder der Spargelgewächse und bilden daher keine Altersringe. Der Umfang der irre verschlungenen Stämme erinnert an den Wuchs von Mammutbäumen und ist so imposant wie ihre Höhe: Knappe 15 Meter ragen die Riesen empor und gehören somit zu den größten Bäumen der Kanarischen Inseln. Der dichte Teppich aus spitzblättrigen Büscheln schimmert silbrig im Sonnenlicht. Mit der traurig-schönen Vorgeschichte im Kopf steht man ehrfürchtig und klein davor und will doch gerne an Jahrtausende statt Jahrhunderte glauben.

Adresse Carretera San Isidro, beim Hinweisschild »Dragos gemelos«, 38710 Breña Alta | **ÖPNV** Bus 202, Haltestelle Curva El Pienso | **Anfahrt** LP-301 | **Tipp** Die gesamte Breña über Mazo bis in den Süden lässt sich auch hervorragend mit dem Fahrrad abfahren. Wer keine Lust auf Schwitzen hat, mietet sich ein E-Bike in Los Cancajos (www.su-bici.com).

BREÑA ALTA

5 Das Haus der Zigarren
Von einer Pflanze göttlichen Ursprungs

Rodrigo de Jerez, spanischer Gefolgsmann von Kolumbus, lernte 1492 auf seinen Reisen in Amerika Tabak als Genussmittel kennen. Mit dem Vorsatz, den fremden Brauch nach seiner Rückkehr in die Heimat weiterzugeben, scheiterte er kläglich. Von seinen misstrauischen Landsleuten wurde er als qualmspeiender Teufel der Hexerei beschuldigt und zu sieben Jahren Haft verurteilt. Während Jerez hinter Gittern saß, wurde das Rauchen dann aber doch noch zu einem festen Ritual in der Gesellschaft.

Nicotiana tabacum – viel mehr als ein genussvolles Laster. Die heilende Pflanze wird seit Urzeiten von Naturvölkern für heilige Zeremonien angezündet, um »mystischen Rauch« zu verbreiten und so die Götter zu ehren. Ärzte empfahlen Tabak als Allheilmittel, etwa gegen Rheuma oder Gicht. Die Gemeinde Breña Alta hat ihm ein eigenes, sehenswertes Museum gewidmet, denn für La Palma stellten der Anbau und die Herstellung der *puros*, der Zigarren, einst einen wichtigen Wirtschaftsfaktor dar.

Im 17. Jahrhundert waren die Kanaren ein fester Punkt auf der Handelsroute nach Kuba, bevor der eigenständige Tabakanbau auf eigenen Plantagen im 19. Jahrhundert begann. Mittlerweile ist die Anpflanzung auf La Palma wieder etwas zurückgegangen. Eingesessene Zigarrenmanufakturen müssen Blätter anderer Sorten teilweise zukaufen.

Die palmerischen Zigarren genießen gleichwohl internationalen Ruhm unter Kennern. In den Räumen des Museums kann der Besucher dem *torcedor*, dem Zigarrenroller, bei der Arbeit über die Schulter gucken und in die Geschichte der »göttlichen Pflanze«, wie sie in alten Schriften bezeichnet wird, eintauchen. Ein angeschlossener Shop verführt zum direkten Kauf und zum Anzünden einer *puro palmero*. Eine erstklassige Zigarrensorte trägt übrigens den Namen des Importeurs, die »Rodrigo de Jerez Sampler« – das Mindeste, was man für ihn tun konnte.

Adresse Museo del Puro Palmero, Parque de los Álamos, Calle 30 de Mayo 2, 38710 San Pedro, Tel. +34/922/429567 | **ÖPNV** Bus 300, Haltestelle Los Álamos | **Anfahrt** LP-202, parken auf den blau markierten Parkplätzen | **Öffnungszeiten** Di–Fr 10–13 Uhr, Sa 10–14 Uhr | **Tipp** Mehr über die Geschichte des Tabaks erfährt man als Gast im Restaurant »El Chinchal del Arco« in San Pedro, einer ehemaligen Tabakmanufaktur. Gemütliches Lokal mit Tischen im Freien unter großen Sonnenschirmen und einer feinen Speisekarte.

6 Das Inselkloster
Seelenkringel und Marzipan

Wenn man, vor allem im Winter, in die Breña hinauffährt, kann es sein, dass man plötzlich in einer dicken Wolke verschwindet. Man erkennt gerade noch die Bushaltestelle, an der man in eine steile betonierte Straße einbiegen muss, und wähnt sich schon heillos verirrt, bis sich endlich ein weiter Platz mit Kirchturm öffnet und anzeigt, dass man doch richtig ist. Und plötzlich lichtet sich der Nebel, und hinter der Mauer, die den Platz begrenzt, schimmert der Atlantik tiefblau unter einem wolkenlosen Himmel.

Eine Handvoll Zisterzienserinnen hat sich hier der Nachfolge Jesu verschrieben und widmet sich Gebet, Studium und Arbeit. Sieben Stundengebete gilt es jeden Tag zu absolvieren, weshalb es auch schon Punkt fünf Uhr mit der Vigil oder Morgenandacht losgeht. Um 8.15 Uhr Laudes oder Morgengebet. Dann die Stundengebete Terz (9.15 Uhr), Sext (13.45 Uhr) und Non (16.10 Uhr). Um 17.50 Uhr wird der Rosenkranz zu Ehren der Jungfrau Maria gebetet, um 18.15 Uhr folgt die Vesper oder das Abendgebet. Das Tagesoffizium wird um 20.10 Uhr mit dem Nachtgebet beendet. Eine Uhrzeit, zu der normalsterbliche Palmeros noch nicht einmal zu Abend gegessen haben.

Das Anwesen, auf dem das Kloster steht, war ein Landgut der holländischen Familie Groenenberg, Großgrundbesitzer seit der Kolonisierung La Palmas. Die Monteverdes, wie sie sich hier nannten, verkauften ihre Finca an die flämische Marquise Van de Walle, die 1946 das Kloster gründete, das mit der Mindestzahl von zwölf Nonnen startete. Im Jahr 2000 wurde ein neues Gebäude errichtet, für nunmehr nur noch einige wenige Nonnen, die aufgrund ihres Alters zwar keine Bäume mehr ausreißen können, jedoch immer noch Gebäck mit wohlklingenden Namen wie »Seelen-«, »Anis-« oder »Haarkringel« herstellen. Auch Marzipan ist im Sortiment des Klosterladens enthalten. Tipp: viel Milchkaffee dazu trinken, denn das Gebäck ist süß, aber staubtrocken.

Adresse Camino La Corsillada 48, 38710 Breña Alta | **ÖPNV** Bus 303 nach Las Nieves, Haltestelle La Graja | **Anfahrt** LP-4, LP-401 und LP-101 | **Öffnungszeiten** täglich 9.30–14, 15–18 und 19–20 Uhr | **Tipp** In der Finca »La Principal«, einem herrlichen Anwesen an der Landebahn des ehemaligen Flughafens unterhalb des Klosters, können Sie in schönem Ambiente Kaffee trinken, Strelitzien aus eigenem Anbau kaufen, Konzerte und astronomische Events besuchen oder stilvoll ländlich wohnen (www.fincalaprincipal.com).

7 Der Maropark
Der kleine Zoo der Hoffnung·

Aus Rafael Martíns stiller Leidenschaft entwickelte sich, gänzlich ungeplant, ein zweites berufliches Standbein. Der praktizierende Kinderarzt errichtete nach dem Studium auf seinem Grundstück im Barranco Galeón einige Volieren, um sich seiner privaten Vogelzucht zu widmen. Die Idee, seine auch um andere Tiere wachsende Sammlung der Öffentlichkeit zugänglich zu machen, entstand zusammen mit seinen Geschwistern und seinem Vater, der auch Namensgeber des Parks ist (MArtín ROmera). Am 5. Mai 2000 öffnete der Zoo erstmals seine Türen – mit einer kleinen Auswahl an zusätzlich gestifteten Tieren.

Die üppig bepflanzte Anlage zieht sich abenteuerlich durch das Gelände des Barrancos. Ein Rundweg führt ab- und aufwärts an den Gehegen, Terrarien und Volieren vorbei, nah an den Tieren und ganz auf Tuchfühlung mit ihnen. Etwa 300 Tiere 80 verschiedener Spezies beherbergt der Maropark inzwischen, keine atemberaubenden Attraktionen, aber ein sehenswertes Sammelsurium an exotischen Vögeln und Äffchen sowie eine faszinierende Reptiliensammlung. Viele von ihnen, wie zum Beispiel die vom Aussterben bedrohte Schildkröte *Geochelone carbonaria* aus Venezuela, sind illegale »Mitbringsel« aus fernen Ländern, die von der Polizei oder Mitarbeitern der Umweltbehörde beschlagnahmt oder aufgelesen und zum Maropark gebracht wurden. Aber der Park ist nicht nur Auffangstation und Waisenhaus: Pfleger und Veterinäre kümmern sich auch engagiert um die Weiterzucht gefährdeter Arten.

Seit dem Frühjahr 2017 investiert Rafael in die Renovierung der Anlage, die etwas vernachlässigt wirkte. Weitere Gehege werden gebaut, um Neuzugänge willkommen zu heißen, eine für Besucher begehbare Inkubationsstation wird errichtet. Und inzwischen thronen im Eingangsbereich Carlitos und Monchita, zwei prachtvolle Uhus. Sie lassen sich streicheln und kraulen wie Schoßhündchen. Eigentlich doch eine atemberaubende Attraktion.

Adresse Calle La Cuesta 28, 38710 Breña Alta, Tel. +34/922/417782 | **ÖPNV** Bus 302, Haltestelle Maroparque | **Anfahrt** LP-202 | **Öffnungszeiten** Mo–So 11–17 Uhr | **Tipp** Vom Maropark aus führt die alte Cuesta (LP-202) nach Santa Cruz. Wer gerne viele Kurven fährt und einen unbekannteren Teil der Stadt sehen möchte, ist auf dieser ehemaligen Hauptstraße richtig.

8 Die Playa Bajamar
Seehundstrand ohne Seehunde

»Schwimmen um 10 Uhr am Sonntag, Treffpunkt Playa Nueva«, postet Schwimmtrainer Omar in seiner WhatsApp-Gruppe. Und schon ist die Diskussion im Gange: »Playa Nueva? Auf der Westseite?«, will A. wissen. »Nein, Playa de las Focas«, kommentiert P. »Wo soll *der* Strand denn liegen?«, fragt F.

Der Strand von Bajamar liegt vor den Toren von Santa Cruz. Unter den deutschen Residenten wird er oft »Stadtstrand« genannt, was zwar logisch scheint, aber falsch ist. Der 1993 eröffnete, 700 Meter lange, künstlich angelegte Strand gehört zur Gemeinde Breña Alta. Die Grenzen zwischen den einzelnen Kommunen markieren oft die Felsen der Barrancos durch vertikale Linien nach oben. Ein noch junger Strand ist die Playa Bajamar, daher wird er auch oft als Playa Nueva, der »Neue Strand«, bezeichnet, ein amüsantes, wenn auch leicht verwirrendes Phänomen, dem man auf der Insel öfter begegnet. Direkt neben der Hauptverkehrsader zwischen Flughafen und Santa Cruz, liegt er vielleicht nicht idyllisch, aber praktisch. Parkplätze gibt es reichlich auf dem Seitenstreifen. Die Promenade, die zwischen Straße und Strand entlangführt, ist stets von Spaziergängern bevölkert, der Kiosk ein beliebter Treffpunkt. Sauberes Wasser, barrierefreie Zugänge, sanitäre Anlagen, dafür ist die Playa Bajamar als erster Ökostrand auf den Kanaren von der Umweltschutzbehörde mit der *bandera azul* ausgezeichnet worden. Die blaue Fahne weht im lauen Wind neben Palmwedeln, während gekickt oder gebadet wird – die gegenüberliegende Hafenmole bietet guten Schutz gegen allzu bewegtes Wasser.

Wenn die großen Kreuzfahrtschiffe dann nur wenige Meter entfernt anlegen, kommen auch deren Passagiere gerne herüberspaziert, um Sonne und Meer zu genießen. Dass der Strand scherzhaft auch Playa de las Focas, »Strand der Seehunde«, genannt wird, hat nichts mit Seehunden zu tun, sondern eher mit menschlichen Strandbesuchern, die sich der Gestalt von Kegelrobben annähern.

Adresse Avenida Bajamar, 38710 Breña Alta | **ÖPNV** Bus 300, Haltestelle Playa Bajamar | **Anfahrt** LP-2 | **Tipp** Clubatmosphäre kann man im »Real Club Naútico« schnuppern. Das Haus hat eine gemütliche Terrasse mit Blick auf den Hafen, auf der auch Nichtmitglieder einen Drink schlürfen dürfen.

9 Der Quellenweg
Wo es den Wanderer dürstet

Wer sich auf den Camino de las Fuentes in der Gemeinde Breña Alta macht, wird auf vieles treffen: üppige, schattige Lorbeerwälder, lichte Plateaus mit herrlicher Aussicht auf weite Teile der Ostseite der Insel, Vogelgezwitscher, Wallfahrtsorte und erholsame Stille. Nur Quellengeplätscher wird der Wanderer vermissen.

Die Tour kann bei der Gärtnerei »Viveros las Breñas« oder an der Plaza Bujaz in San Pedro begonnen werden. Von beiden Startpunkten aus folgt man dem LP-19 Richtung El Llanito, der sich durch die Schlucht schlängelt, ohne größere Strapazen zu bereiten. Die gesamte etwa acht Kilometer lange Route ist bestens ausgeschildert und lässt sich entspannt bewältigen. Gleich zu Beginn stößt man auf die Lavaderos Fuentes Grandes, einen ehemaligen Waschplatz, und die Fuente Chavez, die einst mehrere Viehtränken speiste. Sie sind, wie fast alle Quellen auf der Wanderung, stillgelegt, denn das Wasser wird heute über Rohre direkt zu den nahe gelegenen Höfen geleitet. Nach einem strammen Aufstieg von 300 Höhenmetern ist der höchste Punkt erreicht, und es geht weiter durch dichten Wald. An einer Stelle wurde eine Felsnische mit aus Ästen grob zusammengebundenen Kreuzen dekoriert, die eher an eine schaurige Filmszene oder brasilianisches Candomblé erinnern als an eine heilige Stätte. Besinnlicher wird es dann nach weiteren 30 Minuten Marsch entlang der mit Blumen und Altären geschmückten Grotten über der Schlucht Aduares. Die Gedenkstätte erinnert an die sintflutartigen Regenfälle im Januar 1957. 26 Menschen kamen damals durch die reißenden Murenabgänge ums Leben. Trotz seiner traurigen Vorgeschichte hat dieser Ort etwas Kraftvolles. Zwei rot lackierte Holzstühle mitten im Wald laden zum Verweilen ein. Und hier gibt es endlich doch noch frisches Quellwasser, das den Durst löscht. Die letzten drei Kilometer des Wegs führen durch das ländliche San Isidro und zurück nach San Pedro.

Adresse Ausgangspunkt Plaza Bujaz, Calle 30 de Mayo, 38710 San Pedro | **ÖPNV** Bus 202, Haltestelle Correos San Pedro | **Anfahrt** LP-202 | **Tipp** Zwei Hände, eine durchbrochene Kette, eine Taube: Das Holzmonument der palmerischen Bildhauerin Pegé symbolisiert schaffende Hände, die Verbundenheit mit dem Mutterboden und das Entschwinden des Geistes. Es steht bei La Grama in Breña Alta und wurde zum Gedenken an die Opfer der Schlammlawine von 1957 errichtet.

BREÑA ALTA

10 Der Taufstein
Und bist du nicht willig …

Der geschichtsträchtige Taufstein befindet sich in der Kirche des Apostels Petrus hinter einem Holzgitter mit abgeschlossenem Türchen, wie ein Heiligtum, das es besonders zu schützen gilt.

Der Taufstein stammt aus dem späten 15. oder frühen 16. Jahrhundert. Laut eines archivierten Vertrags verkaufte ihn die Kirche Matriz de El Salvador in Santa Cruz 1552 an die Gemeinde Breña Alta. Gefertigt wurde er in einer der berühmten Sevillaner Töpferwerkstätten in Andalusien. In der für die Zeit typischen Kelchform, besteht er aus gebrannter grün glasierter Keramik, verziert mit christlichen Figurinen auf dem bauchigen Becken und dem zylinderförmigen Sockel. Pausbäckige Gesichter prangen neben Fruchtbarkeit verheißenden Trauben, Pinienzapfen, optisch an die menschliche Zirbeldrüse erinnernd, symbolisieren spirituelle Erleuchtung. Der Schlüssel, paarweise darauf abgebildet, ist das Attribut des Apostels, dem das Gotteshaus geweiht ist. Zum Schutz des Taufwassers dient ein einfacher dünner Holzdeckel. Ein wenig klobig wirkt das gesamte historische Kunstwerk, was seinem Ruhm aber keinen Abbruch tut. Nach der Eroberung La Palmas durch die Spanier wurden an diesem Stein die ersten Ureinwohner der Insel getauft. Ob das immer aus echter Überzeugung und freien Stücken geschah, bleibt anzuzweifeln. Argumente hatte die katholische Kirche sicher, um ein heidnisches Naturvolk zum christlichen Glauben zu bekehren.

Wer den Taufstein von Nahem betrachten möchte, kann sich vielleicht einem kleinen Grüppchen betagter Doñas anschließen, die sonntags vor verschlossener Pforte stehen, obwohl die Kirchturmglocken schon mehrmals zur Messe geläutet haben. Wenn die Küsterin und der Pfarrer dann endlich eintreffen und alles für den Gottesdienst vorbereitet ist, wird auf höfliche Nachfrage gerne das Türchen zum Becken aufgeschlossen, was sonst nur zu Taufen und an besonderen Feiertagen geschieht.

Adresse Calle el Cura, 38713 Breña Alta | **ÖPNV** Bus 300, Haltestelle Centro San Pedro | **Anfahrt** LP-2 und LP-3, parken auf dem Parkplatz neben der Policía Local | **Öffnungszeiten** Mo–Sa circa 10.30–13 und 17–19.30 Uhr, So 10.30–13 Uhr | **Tipp** Am 3. Mai, dem »Día de la Cruz«, einem der wichtigsten Feiertage der Region, werden die Kreuze der Gemeinden Breña Alta, Breña Baja, Mazo und Santa Cruz feierlich und aufwendig geschmückt.

11 Los Cancajos

Besser als sein Ruf

Los Cancajos (sprich: Kan*ka*chos), das ist dieser Ort an der Ostküste, zwischen Flughafen und der Inselhauptstadt, an dem es ein wenig mehr regnet als drüben im Westen und wo sich eine Reihe von Hotels und Apartmenthäusern um die Pools gruppiert.

Doch Los Cancajos ist eigentlich viel besser als sein Ruf. Die Nähe zum Flughafen ist angenehm, wenn man abends landet oder früh startet. Über die perfekte Infrastruktur mit Supermärkten, Geschäften, Apotheke, Gesundheitszentrum, Bike- und Autoverleih, Cafés und Restaurants kann sich niemand beschweren. Wenn man im Apartment einen nach Osten gerichteten Balkon hat, kann man herrliche Sonnenaufgänge über dem Atlantik und sogar den Teide auf Teneriffa und die Insel La Gomera sehen. Eine schön angelegte Uferpromenade – der Paseo del Litoral – bietet wunderbare Blicke hinab auf die Felsenküste, von der die Gischt der kräftigen Brandung aufspritzt. Man kann einen kurzen Morgenlauf oder Spaziergang hinüber zu den drei Stränden machen, die alle mit Holzstegen und Duschen ausgestattet und sehr sauber sind. Dicke Quader aus Lavagestein fungieren am Eingang der Buchten als Wellenbrecher und ermöglichen angstfreies Schwimmen, solange nicht rote Flaggen aufgezogen sind.

Auch Tauchschüler aller Niveaustufen fühlen sich hier wohl. Bereits an den seichteren, küstennahen Stellen kann man eine vielfältige Unterwasserwelt mit bunten Anemonen und Korallen, roten Seesternen und farbigen Fischen erleben. Es reicht schon eine Schwimmbrille, um den Europäischen Papageienfisch beim Abweiden der Felsen zu beobachten. Die Weibchen sind auffällig rot, mit grauen Partien hinter dem Kopf und einem gelben Augenstreifen. Hier heißen die Fische *Vieja*, »Alte«.

Die von der Gemeinde installierten Futterboxen für die Strandkatzen sind mittlerweile wieder verschwunden. Einige Tierfreundinnen kümmern sich nun privat weiter um deren Wohl. Ziemlich einmalig für ein Land wie Spanien.

Adresse Playa Los Cancajos, 38712 Los Cancajos | **ÖPNV** Bus 500 zum Flughafen, Haltestelle Playa Los Cancajos | **Anfahrt** LP-5, dann LP-201 | **Tipp** Das einzige Restaurant direkt am Strand ist »El Pulpo«, mit frischem Fisch vom Grill (*Pescado a la plancha*). Empfehlenswert sind auch die Runzelkartoffeln mit roter oder grüner Sauce (*Papas arrugadas con mojo rojo o verde*). Eher einfache Küche, zivile Preise, keine Reservierung.

12 Die Casa Amarilla
Das zweite Leben des Gelben Hauses

Anfang des 19. Jahrhunderts ließ ein wohlhabender Geschäftsmann eine prachtvolle Villa an der Landstraße zwischen Breña Alta und Mazo errichten. Als erstes architektonisches Statussymbol in dieser Gegend muss es auf die einfache Landbevölkerung damals wie ein Objekt von einem anderen Stern gewirkt haben. Im Privaten zogen beim Bauherrn düstere Wolken auf, denn seine Angetraute litt unter »Problemen im mentalen Bereich«, wie man hier oft noch diskret umschreibt. Das unerfreuliche Erbgut gab die Doña dann noch an ihre Kinder und Enkel weiter. Die beiden Erbinnen der Casa Amarilla sollen die Diebstähle von Familienschmuck und Inventar in den wenigen Jahren, in denen sie alleine lebten, nicht einmal mitbekommen haben.

Mindestens 20 Jahre stand dann, nachdem ein passendes Heim gefunden war, die kulturhistorische Immobilie leer, komplett geplündert und zugemüllt. Eine Gruppe junger Leute, die auf der Suche nach einem geeigneten Ort für ihre Projekte war, nahm 2014 das verwahrloste Haus unter neue liebevolle Obhut und gründete das Kulturhaus Mareando. Ein Stück Land wurde gegenüber der Casa bestellt und ein Gemüsegarten angelegt, alles biologisch versteht sich. Die Einnahmen der verkauften Ernte werden hauptsächlich in Reparaturen am Haus gesteckt. Wer gerade in der Gegend ist, ist immer herzlich willkommen in der offenen WG. Es gibt ein Wohnzimmer mit einem riesigen Tisch, an dem literarische Frühstücke oder erotische Schreib-Workshops abgehalten werden. Man trifft sich zum Yoga, schickt die Kinder zum Back- oder Töpferkurs, guckt Improvisationstheater oder lernt Gitarre auf dem kleinen Sofa unter dem riesigen Tiffany-Fenster.

Ab und an kommen die beiden Schwestern in Begleitung ihrer Pfleger vorbei und freuen sich über das bunte Treiben in ihrem Elternhaus. Still hoffen alle auf ein langes Leben der beiden und somit auf den Fortbestand des idealistischen Projekts.

Adresse Calle Las Ledas 20, 38712 Breña Baja | **ÖPNV** Bus 202, Haltestelle Taller Manolo Díaz | **Anfahrt** LP-202 Richtung, Parken neben der Casa Amarilla in den Parkbuchten | **Öffnungszeiten** ganzjährig geöffnet, Ladenverkauf: Fr 11–18 Uhr | **Tipp** Der Mirador de la Concepción liegt am südlichsten Ende eines 400 Meter hohen Kraters, der auf 66 Hektar eine üppige Pflanzenwelt beherbergt. Er bietet eine spektakuläre Aussicht über Santa Cruz, die Gemeinde Breña Alta bis hoch in den Nordosten.

BREÑA BAJA

13 Die Hutmacherin
Das besondere Handwerk der Doña Nieves

Nieves Castelló sitzt an ihrem Holztisch und flicht gedankenverloren Getreidehalme ineinander. Sie arbeitet flink, ihre schlanken Finger haben die Kraft, die sie braucht, um die harten Ähren zu verarbeiten. Auf ihrem Arbeitsplatz stehen Tontöpfe mit wichtigen Utensilien – Schere, Faden und eine dünne Kordel in einem kleinen Topf, ein großer ist mit getrocknetem Roggen gefüllt. Die Morgensonne lässt ihn golden erstrahlen. Er erinnert an die Getreidefelder unserer Kindheit, an ihre Farbe und das Grillengezirpe an heißen Sommernachmittagen.

Hüte aus geflochtenem Getreide herzustellen ist ein uraltes Handwerk. Den Bauern dienten sie von jeher als Schutz vor sengenden Sonnenstrahlen bei der Feldarbeit, den feinen Damen zur Komplettierung ihrer Garderobe und als Prestigeobjekt. Auf den Kanaren wird traditionell Roggen verwendet, er ist robuster und formbarer als Weizen. Auf La Palma war diese Handarbeit fast verschwunden, nachdem Imitate aus Kunstfasern den Markt erobert hatten. Nieves Castelló ließ sich 2013 von einer erfahrenen Palmera in das Kunsthandwerk einführen. In ihrem Haus in San Antonio fertigt sie individuelle Bestellungen für ihre Kundinnen, zeitlose und feminine Modelle, versehen mit Schleifen aus glänzender Seide oder bestickten Leinenbordüren.

20 bis 30 Meter Flechtwerk ist nötig, um einen Hut zu formen. Die Ähren werden vor dem Verarbeiten für kurze Zeit eingeweicht, dann gesäubert und an den Knotenpunkten gekürzt. Wenn das Muster bestimmt ist und Halme in gleichmäßiger Stärke ausgesucht wurden, geht es ans Flechten, Zentimeter für Zentimeter. Mit einer Glasflasche wird der fertige Strang »gebügelt« und erhält so seinen schönen Glanz und seine Weichheit. Zusammengenäht wird schließlich von Hand, ganz traditionell. Etwa einen Monat muss sich die *dama* gedulden, bis sie ihren Hut abholen kann. Der wird sie dann aber ihr Leben lang begleiten.

Adresse Calle Miguel González Hernández 16, 38712 Breña Baja, Tel. +34/650/400009, www.castellocrea.com | **ÖPNV** Bus 300, Haltestelle Centro San Antonio | **Anfahrt** LP-2 | **Öffnungszeiten** nach Vereinbarung | **Tipp** Der frühere Flughafen in Buenavista, Breña Alta, war von 1955 bis 1970 in Betrieb. Die Start- und Landebahn sowie den ehemaligen Tower kann man dort immer noch sehen.

14 Der Mirador Risco Alto
Von Kunst, Galaxien und schönen Aussichten

Der Aussichtspunkt auf der hohen Klippe (Risco Alto) liegt direkt oberhalb des touristischen Ortes Los Cancajos. Urlauber kommen von dort gerne den schmalen Pfad hochspaziert, für den ersten Weitblick über das Meer und die Ostküste. Hier sammeln sich Gruppen junger Menschen auf einen letzten Plausch, bevor es zum Flughafen geht, zurück auf die Nachbarinseln Teneriffa oder La Gomera, von wo aus man zum Freundes- oder Familienbesuch aufgebrochen ist. Hobbyfotografen stehen hier schon vor Sonnenaufgang, vorbereitet und in Startposition für die beste Aufnahme.

1999 wurde der Mirador durch ein von der Inselregierung initiiertes Kunstprojekt zusätzlich aufgehübscht. Zwei einheimische Künstler erschufen vier Figuren aus Lavagestein, die auf dem begrenzenden Mäuerchen thronen. 90 Zentimeter misst jeder der abstrakten Körper, mit eingearbeiteten Zeichen der Ureinwohner oder ineinander verschlungen, wie ein Liebespaar.

2009 wurde der kleine Kunstpark erweitert. »Galaxia MS 33« heißt die astronomische Skulptur, die am südlichen Zugang auf einem Bett aus rötlichen Steinen steht und die Interpretation einer damaligen Kunststudentin ist. Sie entstand aus einer Kooperation der städtischen Kunstschule Manolo Blahnik mit dem italienischen Galileo-Teleskop. 300 Kilo wiegt »Galaxia« und misst gute drei Meter, eine solide Schöpfung aus Stahl und Beton. Geschwungene Träger umrunden eine Kugel, die mittig auf einem Stahlrohr sitzt, ein Mini-Planet mit einem schwarzen Loch, der sinnbildlich Energien und Materie ins Universum ausstößt und die Beziehung zwischen dem Observatorium auf dem Roque de los Muchachos und der Insel symbolisiert.

30.000 Euro hat das Projekt gekostet, die Eisenskulptur auf dem nahe gelegenen Mirador del Aeropuerto eingeschlossen. Gut investiert, denn seit Jean Paul wissen wir: »Die Kunst ist zwar nicht das Brot, aber der Wein des Lebens.«

Adresse Mirador Risco Alto, LP-5, 38712 Breña Baja | **ÖPNV** Bus 500, Haltestelle Cruce Sur Cancajos | **Anfahrt** LP-5, Parkplatz am Mirador | **Tipp** La Bajita ist ein kleiner Strand in der Gemeinde Mazo mit inseltypischen Wochenendhäuschen und bietet einen Zugang ins Meer über eine Stahlleiter (nur bei ruhiger See). Abfahrt hinter dem Flughafen Richtung Süden auf der LP-205, Camino La Bajita.

15 Die Saline von Los Cancajos
Das arme Kamel

Eine alte Steinmauer aus Lavabrocken, mit Kalkmörtel verputzt, ein Turm mit einem hölzernen Aufbau, ein zweiter Turm weiter unten am Meer, ein gemauertes Tor und ein Bauschild, das behauptet, die Arbeiten, für die der Inselrat eine Menge Geld lockergemacht hat, seien abgeschlossen. Warum ist die Saline dann meist abgesperrt? Wenn das Tor gelegentlich geöffnet ist, um Konzertbesucher einzulassen, dann kann man erkennen, dass die Restaurierungsarbeiten tatsächlich weit fortgeschritten sind. Man sieht die Salinenbecken, die Kanäle und Galerien, und man lauscht, wie Vivaldis »Vier Jahreszeiten« das zweistöckige Salinengebäude mit den rohen Steinmauern und der schönen Holzdecke erfüllen. Die Zweckentfremdung steht dem Gebäude, das für den Verkauf von Meersalz und als Wohnstätte der Salinenbesitzer gebaut wurde, ausgezeichnet.

1815 liefen hier die Windräder heiß, mit deren Hilfe das Meerwasser in zwei Stufen zu den höher gelegenen Salinen geleitet wurde. Auf den vierbeinigen Holzgestellen, die heute noch stehen, waren die Flügel der Windmühlen montiert. Wenn die Windkraft nicht ausreichte, musste das große Schöpfrad, die *noria*, die sich ebenfalls auf der Meerseite der Bucht befand, alternativ betrieben werden. Dann wurde das Kamel, das zu dieser Anlage gehörte, aus dem Stall hinterm Haus geholt und drehte seine meditativen Runden, um die Schöpfkammern unten mit Wasser zu füllen und es oben wieder auszuspucken. Das Tagewerk des Kamels war vollbracht, wenn die gemauerten und mit Löschkalk abgedichteten Wasserbecken gefüllt waren.

Don Miguel González Toledo, der Gründer und Betreiber der Saline, war gebürtiger Palmero und ein geistlicher Herr. Ob diese Tatsache etwas damit zu tun hatte, dass seine Firma Mitte des 19. Jahrhunderts pleiteging und die Salinen verfielen, wissen wir nicht. Das Kamel trifft bestimmt keine Schuld.

Adresse Paseo del Litoral Marítimo, 38712 Los Cancajos | **ÖPNV** Bus 500, Haltestelle Playa de Cancajos | **Anfahrt** LP-2, dann LP-201 bis Los Cancajos | **Öffnungszeiten** derzeit nur bei Veranstaltungen | **Tipp** Ein Glas Wein und eine Kleinigkeit zum Essen nach dem Konzert bekommen Sie im Restaurant »Sadi« in der Calle La Corvina. Hier werden auch köstliche fleisch- und fischlose Gerichte serviert (www.sadilapalma.com).

16 Der staatliche Parador
Gediegen, mit einem Hauch von Nostalgie

Die Geschichte der »Paradores Nacionales«, einer staatlichen Institution, begann im frühen 19. Jahrhundert. Der spanische Markgraf Benigno de la Vega-Inclán wurde einst von seiner Regierung beauftragt, eine neue Art der Hotellerie für Wanderer und Spanien-Reisende zu schaffen, um dem Image des Landes zu neuem Glanz zu verhelfen und es den Touristen als Urlaubsziel schmackhaft zu machen. So öffnete der erste Parador als Pionierprojekt 1926 in der Sierra de Gredos bei Madrid seine Türen. An die 40 Häuser gibt es mittlerweile in Spanien. Sie sind oft in stilvollen historischen Gebäuden untergebracht und in geschichtlich bedeutsamen Städten wie Santiago de Compostela oder Granada gelegen oder in besonders schönen Gegenden auf dem Land.

Der Parador auf La Palma liegt zwischen den Gemeinden Breña Baja und Breña Alta etwas erhöht auf einem Hügel, mit wehenden Fahnen entlang der langen Auffahrt und mit dem typischen Hauch von altem Glanz und Gloria der Aristokratie. Mit seinem turmartigen weißen Gebäudeteil und dem großen betonierten Platz vor dem Eingang möchte man im ersten Moment eher an eine Klinik denken, aber dieser erste Eindruck verflüchtigt sich beim Erkunden der Anlage. Vier Sterne zieren das Hotel. Die Zimmer reichen in der Ausstattung von solide bis gehoben. Ehrwürdige Stilmöbel aus hochwertigen Hölzern, mit Samt oder floralen Stoffen bezogene Sessel, Gemälde und dekorative Kunstobjekte bestimmen die Einrichtung und verleihen dem Ambiente eine besondere Würde. Bevor es zum Abendessen geht, spaziert man gerne durch die mit Brunnen und Blumenbeeten angelegten Gärten des Hotels oder zieht sich mit einem Buch in einen der einladenden Sessel des Clubraums oder »Herrenzimmers« zurück.

Das Restaurant des Hauses, die Tische klassisch in Weiß eingedeckt, ist für seine kreative Küche bekannt und auch bei Tagesgästen beliebt.

Adresse Parador de La Palma, Carretera de El Zumacal, 38712 Breña Baja, Tel. +34/922/435828, www.parador.es/de/paradores/parador-de-la-palma | **ÖPNV** Bus 500, Haltestelle El Parador | **Anfahrt** LP-5, LP-2 | **Tipp** Im Frühjahr finden regelmäßig Weinverkostungen im Garten des Paradors statt. Die guten Tropfen von La Palma und den anderen Kanareninseln werden, begleitet von Livemusik, mit feinen Tapas ansässiger Restaurants gereicht. Termine auf www.vinoslapalma.com.

FUENCALIENTE

17 Die Bananenstraße
Die Krux mit der Monokultur

Nicht nur, wenn man auf der LP-207 von der Südspitze der Insel auf der Küstenstraße hinauf nach Las Indias und Fuencaliente unterwegs ist, fährt man mitten durch Bananenplantagen. Rechts und links der Straße dünne, hässliche Windschutzmauern aus Betonhohlblocksteinen, Kunstfaserplanen, die ganze Straßenzüge einhüllen, Metallstangen zum Abstützen der Bananenpflanzen, sobald der Fruchtstand an Gewicht zulegt, Betonbecken, die als Zisternen dienen, Wasserleitungen, die über Klippen und Felswände Hunderte von Höhenmetern oberirdisch überwinden. Auch dies ein Bild, das die »Isla Bonita« prägt. Nach dem Zuckerrohr in früheren Jahrhunderten die zweite Monokultur, und nicht weniger belastend für die Umwelt, aber neben dem Tourismus der wichtigste Wirtschaftszweig der Insel.

3.000 Hektar sind vor allem im Südwesten und Nordosten in Küstennähe mit Bananen bepflanzt. Die typische kanarische Banane ist kleiner und schmackhafter als die Kollegen aus Mittelamerika und wegen der nötigen Bewässerung auch teurer. 1.000 Liter Wasser braucht es, um ein Kilo *plátanos* zu produzieren. Ein Wurzelstock bildet zehn Jahre lang fruchtbare Pflanzen aus, bis er erneuert wird. Es gibt keine feste Erntezeit, die Stauden blühen ganz individuell. Von der Blüte bis zum erntefertigen Fruchtstand, der bis zu 300 Einzelfrüchte tragen und 50 Kilo wiegen kann, vergeht ein halbes Jahr. Bananen werden grün geerntet und reifen gepflückt nach. Die subventionierten kanarischen Bananen werden aufs spanische Festland, nach Frankreich und Italien exportiert. Bei uns bekommt man sie so gut wie nie.

Nur 500 Hektar auf allen Kanareninseln zusammen werden biologisch bewirtschaftet. Der exzessive Einsatz von Kunstdüngern und Pestiziden laugt die Böden aus und schadet Mensch und Tier. Aber noch geht der konventionelle Anbau mit all seinen negativen Auswirkungen weiter.

Adresse Carretera la Costa Malpaís, 38740 Fuencaliente (= Los Canarios) | **ÖPNV** Bus 203 ab Faro Fuencaliente | **Anfahrt** von Santa Cruz auf der LP-2 bis Fuencaliente, dann LP-207 | **Tipp** Wer mit Hund unterwegs ist, für den ist die Playa Los Guirres, auch Playa canina (Hundestrand) genannt, nördlich von Puerto Naos die richtige Adresse. Bei entsprechendem Wind ist dieser Strand auch ein Surfer-Hotspot.

18_ Die Bodega Matías i Torres

Alte Reben in steilen Lagen

Auf La Palma gibt es eine neue, feminine Bewegung in der Weinwelt. Einige kleine Kellereien mit ausgezeichneten Tropfen werden von jungen Winzerinnen geführt. Victoria Torres ist eine von ihnen. Sie führt das Erbe ihres Vaters, Juan Matías i Torres, mit viel Gefühl und Können weiter.

Die Bodega ist eine der ältesten auf den Kanaren. 1885 gegründet, wird der kleine Familienbetrieb inzwischen in fünfter Generation geführt. Auf den steil gelegenen Weinbergen der Torres' wachsen sehr alte, widerstandsfähige Rebsorten, gepflanzt auf dicken Schichten aus Vulkanasche und Lapilli, erbsengroßen Steinchen, die während der explosionsartigen Vulkanausbrüche entstehen. Darunter liegt lehmiger, fruchtbarer Boden. Erde aus Vulkangestein, so karg sie wirken mag, speichert lange die Feuchtigkeit des Morgentaus und gibt sie langsam, über den Tag verteilt, an die Reben ab. Die Parzellen reichen von 200 bis 1.400 Metern über dem Meeresspiegel, so gedeihen die Trauben in unterschiedlichen Mikroklimata, mit viel Wärme und Sonnenlicht. Fünf verschiedene Weine reifen in Victorias Bodega und bauen ihren Geschmack in alten Eichenfässern aus. Die weiße Traube Listán wird früh gelesen und bringt einen frischen, fruchtbetonten Weißwein hervor. Negramoll-Trauben werden noch traditionell in einem antiken Kelterbottich aus Teaholz mit den Füßen ausgetreten und mit einem Teil der Stiele eingemaischt. So entsteht ein würziger Roter oder frischer Rosé. Ein hochprozentiger Dessertwein wird aus der Malvasía-Traube gewonnen. Die Bodega führt auch einen besonderen Weißwein aus der Albillo-Traube.

Weinherstellung hat für die Winzerin wenig mit Planung zu tun. Die Entwicklung der Trauben unterliegt den Gesetzen der Natur. Deshalb ist es ein Beobachten, Experimentieren und ein endloser Lernprozess, sagt sie.

Adresse Calle Ciudad Real, 38740 Fuencaliente, Tel. +34/922/444219 | **ÖPNV** Bus 200, Haltestelle Los Canarios | **Anfahrt** LP-2 und LP-207 | **Tipp** Die »Ruta del Vino«, eine Initiative der Winzervereinigung und Inselregierung, führt Weinliebhaber einmal um die Insel und passiert dabei die wichtigsten Anbaugebiete, 16 Kellereien und das Weinmuseum in Las Manchas. Informationen finden sich auf den Tafeln entlang der Strecke und in den Touristeninformationen.

FUENCALIENTE

19 Die Heilquelle
Wiederentdeckt, aber noch nicht wiedereröffnet

Für die erste Verwirrung bei einem Besuch der »Fuente Santa« sorgt auf der LP-207 das Schild zur Playa Echentive. Auf ihm steht nämlich Playa Nueva, vielleicht weil der Strand mit seinen ordentlich angelegten Wegen tatsächlich wie neu wirkt. Die Playa Echentive entstand 1677 durch einen gewaltigen Ausbruch des Vulkans San Antonio. Lavaströme wälzten sich Richtung Meer und drängten es 400 Meter zurück – die Geburtsstunde des naturgewaltigen Strandes und das vorübergehende Ende des Badebetriebs in der Quelle, die im 15. Jahrhundert entdeckt worden war. Wegen ihres 60 Grad warmen Wassers erhielt die Ortschaft Fuencaliente (heiße Quelle) ihren Namen. Aus der ursprünglichen Fuente Caliente wurde die »Fuente Santa«, als ihr Wasser dank seiner Heilerfolge vom Vatikan zum »wundersamen Thermalwasser« erklärt worden war. Kranke von der Insel, aus Europa und Übersee pilgerten hierher. Das Heilwasser half gegen Lepra, Syphilis, Rheuma und Arthrose. Eine Tragödie, als die Quelle unter tonnenschweren Felsbrocken und erstarrter Lava verschüttet und jahrhundertelang trotz größter Anstrengungen nicht gefunden und freigelegt wurde. Dies gelang erst 2004 im Rahmen eines kostenintensiven Projekts.

Und warum steht der Besucher nun, wieder verwirrt, vor dem verschlossenen Eingang, statt sich im dampfenden Heilwasser zu räkeln? Der Blick durch das schmiedeeiserne Tor reicht lediglich bis zu einer Metalltür, gespickt mit Durchgang-verboten-Schildern wie in einem Atommülllager. Ewige Streitereien um Finanzierung und Gewinn zwischen Gemeinde und Regierung haben zur Folge, dass die aufwendig rekonstruierte Anlage seit Jahren verschlossen ist. Eine wahrlich schmähliche Tatsache angesichts der Geschichte der Quelle.

Bis sich ihre Pforten doch noch der Allgemeinheit öffnen, kann man immerhin in den Open-Air-Bassins planschen, die von dem unterirdischen Quellwasser gespeist werden.

Adresse Carretera la Costa Malpaís, 38740 Fuencaliente | **ÖPNV** Bus 203 ab Fuencaliente, Haltestelle Playa Echentive | **Anfahrt** LP-207 | **Öffnungszeiten** von außen ganzjährig zugänglich | **Tipp** Einer der letzten unverfälschten Kioske am Meer befindet sich an der südlich gelegenen Playa Zamora, an der man auch gut schnorcheln kann. Hier wird einfache und gute kanarische Küche aufgetischt: gegrillter Fisch und Ziegenkäse oder Runzelkartoffeln mit Mojo.

20 Malpique
Friedhof ohne Tote

Der Unterwasser-Friedhof bei Malpique ist ein beliebter Ort beim Tauchvolk, kein echter Friedhof natürlich. Er liegt nicht besonders tief, etwa 15 Meter, und ist deshalb auch für Anfänger gut zu erreichen. Wenn die Kreuze während des Tauchgangs plötzlich auftauchen, denkt höchstwahrscheinlich kein Taucher an die 40 im Jahr 1570 ermordeten Jesuitenmönche, denen die Gedenkstätte gewidmet wurde.

Die Betonkreuze wurden im Jahr 2000 versenkt und verbreiten eine schön gespenstische Stimmung im schummrig blauen Wasser. Von einigen sind Stücke abgebrochen und auf den Meeresgrund gesunken, wo sie nun verstreut liegen. Bei anderen scheint der Beton ausgegangen zu sein, denn es ist nur der Sockel zu sehen, ohne Kreuz. Über die Jahre ist diesen Fremdkörpern ein flauschiger Pelz aus Algen und Korallen gewachsen. Krebse und kleine Schnecken krabbeln oder kriechen durch die entstandenen Teppiche. Menschliche Besucher erkunden den Platz oft ausgiebig und posen gerne kopfüber im Handstand auf einem der Kreuze. Eher übermütige als feierliche oder gedrückte Stimmung also. Ab dem Friedhof öffnen sich phantastische Landschaften aus Basaltgestein in verschiedenen Tiefen, die, je nach Können, betaucht werden können. Hier haben Vulkanausbrüche riesige Torbögen und Steilwände mit überhängenden Felsen geformt. Die Torre del Malpique, ein frei stehender, riesiger Felsen, ruht mächtig in 50 Metern Tiefe. Drücker- und Trompetenfische drehen ihre Runden, die großen Sandflächen ziehen Rochen und manchmal auch friedliche Engelshaie an.

Malpique ist sicher der schönste Unterwasser-Themenpark der Insel. 2014 wurden vor der Hauptstadt Santa Cruz sieben in Beton gemeißelte Zwerge, liebstes Wahrzeichen der Palmeros, versenkt. Als Empfangswichtel vor den Toren der Insel in 20 Metern Tiefe machen sie sich bestimmt bestens. Nur Taucher, die diese Aktion eigentlich anziehen sollte, trifft man hier selten.

Adresse Punta Malpique, Carretera la Costa Malpaís, 38740 Fuencaliente | ÖPNV Bus 203, Haltestelle Playa Echentive | Anfahrt LP-2 und LP-207 | Tipp Ein Hotspot für erfahrene Taucher liegt in 30 bis 40 Metern Tiefe bei Las Cabras, nahe beim Leuchtturm. Schwarze Korallen haben sich an der abfallenden Steilwand angesiedelt. Nicht-Ortskundige können und sollten Tauchgänge nur mit einer der ansässigen Tauchschulen durchführen.

FUENCALIENTE

21 Das Meeresmuseum
Schutz für den maritimen Kosmos

Untergebracht im alten Leuchtturm an der Südspitze, einem historischen Gebäude aus dem frühen 19. Jahrhundert, hätte man dem maritimen Museum mit seiner thematischen Ausstellung rund um den Meeresschutz keinen schöneren Ort verschaffen können.

2001 erklärten das Ministerium für Fischfang und die kanarische Regierung den 13 Kilometer langen Küstenstreifen zwischen Las Celdas und Charco Verde zum Meeresschutzgebiet. Ein kleinerer Bereich zwischen Punta del Hombre und El Remo innerhalb dieser Schutzzone ist die *reserva integral*, die Komplettschutzzone. Was genau bedeutet das für gewerbliche Fischerei, Freizeitangler und Sporttaucher? Ein Blick unter den Wasserspiegel der behüteten 3.455 Hektar zeigt eine phantastische Welt mit abrupt in die Tiefe fallenden Lavastein-Landschaften mit zahlreichen Spalten, Höhlen und Tunneln. Die Artenvielfalt der Meeresfauna und -flora in dieser paradiesischen Umgebung ist riesig. Tropische Seeanemonen haben sich in den Felsnischen angesiedelt, der geschützte Große Bärenkrebs krabbelt hier ungestört durch seinen Lebensraum. Der Fischreichtum ist beachtlich. Kulinarische Leckerbissen wie Seepapageien und Barsche sind begehrte Fänge der Fischer. Damit den Fischen Zeit zur Regenerierung ihrer Spezies bleibt, darf die Meeresschutzzone nur auf traditionelle Weise mit Angel und Haken an drei Tagen pro Woche befischt werden, und das nur außerhalb der Totalschutzzone und lediglich von Booten aus, die im Sonderverzeichnis der Fischereirechte registriert sind. Ein Wachdienst im grellorangefarbenen Motorboot patrouilliert regelmäßig in der Zone.

Wehe dem Hobbysportler, der mit Harpune oder Tauchausrüstung in der Schutzzone erwischt wird – ihm drohen Bußgelder im vierstelligen Bereich. Die strikten Maßnahmen der Behörden sind insofern ein Signal und ein wichtiger Schritt im Kampf gegen illegale Fischerei und für den Erhalt des maritimen Lebensraumes.

Adresse Carretera Pista del Faro, 38740 Fuencaliente, Tel. +34/922/480223 | **ÖPNV** Bus 203, Haltestelle El Faro | **Anfahrt** LP-207 | **Öffnungszeiten** Di–Sa 9–17 Uhr, im Sommer Mi–Sa 10–18 Uhr | **Tipp** Die Strände von El Faro, unterhalb des Leuchtturms, und von La Zamora, etwas weiter nordwestlich, gehören zu den schönsten Schnorchel-Spots der Insel.

FUENCALIENTE

22   Die Salzgärten
Manufaktur mit einem Hauch von Zen

Die Saline von Fuencaliente besteht seit 1967. Ein Gang durch die strukturierten Salzgärten erinnert an einen Spaziergang durch einen japanischen Zen-Garten. Das getrocknete Salz, das sich auf natürliche Weise auf den schmalen Stegen zwischen den Verdunstungsbecken ansammelt, knirscht unter den Schuhsohlen wie verharschter Schnee. Federleichte Salzblüten schweben in den warmen Sommermonaten an der Wasseroberfläche der Verdunstungsbecken, ehe sie, in vorsichtiger Handarbeit, in den milden Abendstunden abgeschöpft werden – so wird das hochwertige Flor de Sal gewonnen.

Bis zu acht Ernten werden jährlich durchgeführt. Besonders gehaltvolles, von den starken Strömungen gespeistes Meerwasser wird in große Bassins gepumpt. Die intensive Sonneneinstrahlung erwärmt das Wasser und erhöht seinen Salzgehalt auf das 16-Fache, bis es schließlich in kleine rechteckige Becken weitergeleitet wird und auskristallisiert. Mit Harken, Schabern und Sieben schöpfen die Salzbauern die weißen Salzschichten aus den seichten Wasserbecken ab, ganz auf traditionelle Art in Handarbeit. Beständige Passatwinde übernehmen den letzten natürlichen Schritt und trocknen das geerntete Salz vollständig, bevor es zu großen Bergen aufgeschichtet und gelagert wird.

Zwischen 500 und 600 Tonnen Salz werden jährlich auf den 35.000 Quadratmetern gewonnen. Der Großteil des Salzes bleibt für den Eigenbedarf auf der Insel oder wird auf die Nachbarinsel Teneriffa geliefert. Für besondere Bestellungen aus dem Ausland werden Container mit Ein-Kilogramm-Päckchen Teneguía-Salz beladen und verschifft. Nach Beginn der ersten Regenfälle im November endet die Zeit der Salzernte. Die kühleren Wintermonate werden zur Instandhaltung der Becken genutzt. Diese dienen dann als salzige Feuchtgebiete Bachstelzen, Regenpfeifern und anderen Zugvögeln als Raststätte. Sogar Flamingos sollen schon gesichtet worden sein.

Adresse Carretera la Costa El Faro 5, 38740 Fuencaliente, Tel. +34/922/696002 | **ÖPNV** Bus 203, Haltestelle El Faro | **Anfahrt** LP-207 | **Öffnungszeiten** täglich 10–19 Uhr | **Tipp** Die schönsten Sonnenuntergänge direkt am Meer kann man mit einem Aperitif auf der Terrasse des Restaurants »Jardín de la Sal« genießen.

FUENCALIENTE

23_Der Sterngucker-Platz
Der kleine Mensch im weiten All

Der Übergang vom in bunte Farbschichten gekleideten Abendhimmel zum nächtlichen Firmament passiert so plötzlich wie ein schnell ausgewechseltes Bühnenbild. Das Teleskop ist aufgebaut, und schon funkeln die ersten Sterne. Satelliten werden sichtbar und sausen über den Nachthimmel. Es können keine Flugzeuge sein, denn auf La Palma herrscht ein Reinheitsgebot für den Himmel: Sie dürfen nicht über die Insel fliegen, um die sensible Arbeit der Observatorien nicht zu stören.

Auf La Palma gibt es 16 über die Gemeinden verteilte astronomische Sternengucker-Plätze. Hölzerne Pfeile, gen Himmel gerichtet, weisen zum Polarstern, der leicht zu erkennen ist: Er leuchtet mit am hellsten und wandert nicht. Einstige Seefahrer orientierten sich auf ihren Reisen über die Weltmeere an seinem festen Standpunkt. Unsereins staunt über seine errechnete Distanz zur Erde: 430 Lichtjahre ist er entfernt, in Kilometer umgerechnet eine 16-stellige Zahl, komplett außerhalb unseres Vorstellungsvermögens. Ein Blick durch das justierte Teleskop, und der Saturn erscheint mit seinen Ringen, eigentlich sind es Gebilde aus Eis- und Gesteinsbrocken. Er ist weit weg und erinnert durch die kleine Linse an ein Schattentheater, das auf eine weiße Wand projiziert wird. Das Teleskop reagiert auf GPS-Koordinaten und nimmt eine neue Position ein. Man sieht Zusammenkünfte von 15.000 Sternen und mehr, »Cluster« im Fachjargon. Die jungen Sterne leuchten weiß, die älteren verfärben sich rötlich. Kassiopeia lässt sich besonders klar ausmachen. Sie hängt je nach Jahreszeit wie ein aufgestelltes M oder W am Firmament, ihre Tochter Andromeda liegt mit ihren langen Beinen neben ihr. Dann der schöne Mond. Circa 350.000 Kilometer ist er entfernt und scheint doch zum Greifen nah. Ein 4,6 Millionen Jahre junger Stern. Seine Konturen wirken durch seine Kraterlandschaft ausgefranst. Still sitzt er da und leuchtet uns entgegen.

Adresse Mirador Astronómico, Vulkan San Antonio, 38740 Fuencaliente | **ÖPNV** Bus 203, Haltestelle Volcán San Antonio | **Anfahrt** LP-2 und LP-209 | **Öffnungszeiten** ganzjährig | **Tipp** Der astronomische Aussichtspunkt auf dem Vulkan empfiehlt sich wegen der geringen Lichtstörung. Geführte Touren mit professionellen Teleskopen kann man zum Beispiel bei »Ad Astra« buchen (www.adastralapalma.com).

FUENCALIENTE

24 Der Teneguía
Sturm und Drang eines jungen Wilden

Die amerikanische CIA hatte es zuerst bemerkt. Ihre Systeme meldeten im Oktober 1971 Unterwasserstörungen im Atlantik vor der Südspitze der Insel La Palma. Die Frage in Zeiten des Kalten Krieges war nur: Ist das nun die russische U-Boot-Flotte oder ein bevorstehender Vulkanausbruch? Kurz darauf klärte der Ausbruch des Teneguía die Sache. Vom 26. Oktober bis zum 18. November 1971 folgten Eruptionen aus mehreren Kratern, begleitet von Erdstößen. Die Bevölkerung von Fuencaliente wurde in Angst und Schrecken versetzt, kam aber ungeschoren davon, weil die Lavaströme alle nach Süden, zum Meer hin, abflossen und dort neues Land aufschütteten. Lediglich zwei Personen verloren ihr Leben: ein Fischer unten an der Küste beim Leuchtturm und ein zu sorgloser Fotograf. Beide starben an CO_2-Vergiftungen. Die Lava bewegte sich mit maximal 100 Metern pro Stunde recht langsam. Die zwölf Millionen Kubikmeter Masse, die ausgespuckt wurden, waren allerdings keine Kleinigkeit.

Heute kann man den 439 Meter hohen Vulkankegel gefahrlos besteigen. Ein leichter Weg führt um den Hauptkraterrand herum zum Gipfel. Gutes Schuhwerk ist ratsam, ebenso ein Windschutz, denn dort oben wird man mitunter von stürmischen Böen ergriffen. Kinder am besten an die Hand nehmen. Vom Gipfel hat man einen herrlichen Blick auf die Südspitze mit den beiden Leuchttürmen und den Salinen und weiter westlich auf die Bananenplantagen auf dem neu gewonnenen Land.

Man kann vom Besucherzentrum des älteren Vulkans San Antonio aus zum Teneguía gehen und weiter zu den Salinen an der Südspitze. Auf dem ehemaligen Lavastrom wandert man zwischen den ersten niedrigen hellgrünen Pflanzen hindurch auf schwarzem Vulkangestein. Abseits des Wegs liegen geschmolzene vulkanische »Bomben« herum. Sogar Wein wächst hier an den Flanken des San Antonio und trotzt mit seinem verkrüppelten, kriechenden Wuchs dem Starkwind.

Adresse Start: Calle Los Volcanes, 38740 Fuencaliente | **ÖPNV** Bus 200 bis Fuencaliente, dann eine Station mit Bus 203 bis Volcán San Antonio | **Anfahrt** LP-2 bis Fuencaliente, dann der Calle de los Volcanes bis zum Besucherzentrum (beschildert) folgen | **Öffnungszeiten** Besucherzentrum täglich 9–18 Uhr, im Sommer bis 21 Uhr | **Tipp** Weine können gleich nebenan in den kleineren Bodegas Carballo probiert und gekauft werden oder in den größeren Bodegas Teneguía in Fuencaliente. Die Zufahrt ist beschildert.

GARAFÍA

25 __ El Castillo
Pilgerziel für Gourmets

El Castillo, ein kleiner Weiler, liegt im Norden der Insel. Ein paar Häuser stehen vereinzelt über einen Hügel verteilt, umgeben von wild-schöner Natur. Zwei empfehlenswerte Restaurants haben sich hier angesiedelt, was das abgelegene Nest zu einem beliebten Wallfahrtsort macht.

Die meisten pilgern im Pkw hierher, ab donnerstags, denn in der ersten Wochenhälfte passiert hier gar nichts. Da ein Pilgerort aber stilecht zu Fuß erreicht wird, gibt es ab dem Dorfplatz von Las Tricias eine nicht zu anspruchsvolle, sehr schöne Wanderung. Über Teile des Wanderwegs GR130 führt sie durch Barrancos und sanfte Wiesenlandschaften und an einsam gelegenen Häusern vorbei. Im Dorf angekommen, verteilt sich die Pilgerschaft auf das Restaurant »Casa Azul«, einen stilvoll renovierten ehemaligen Krämerladen, und die »Tasca El Castillo« mit großzügigem Garten, der bunt und phantasievoll gestaltet ist.

Gemütlich verweilen und gut essen lässt es sich in beiden Lokalen, da entscheidet der persönliche Geschmack oder die Kapazität freier Tische. Die in kräftigem Blau gestrichene »Casa Azul« wird von Ina Strohanzl geführt, das Küchenteam in der »Tasca El Castillo« sind Eo und Dorit, lauter Deutsche. An die 5.000 Landsleute leben auf La Palma, sie sind häufig im Nordwesten oder Norden der Insel anzutreffen. Den Restaurantgarten und die Gasträume teilt man sich meist mit deutscher Community, angereisten Yogagruppen und Wanderurlaubern oder dauerhaften Residenten. Nicht wirklich spanisch, aber fester Bestandteil La Palmas.

Der Rückweg kann als gesunder Verdauungsspaziergang betrachtet werden, denn niemand verlässt das kulinarische Mekka unter drei bis vier Gängen. Wenn unangetastete Landstriche erneut durchstreift werden, freut man sich, nicht mit dem Auto angereist zu sein. Den letzten *cortado* nimmt man dann in der Bar von Las Tricias ein, wo das Auto steht. Sie ist, fast überraschend, in spanischer Hand.

Adresse Calle el Castillo, 38728 Garafía | **ÖPNV** Bus 100, Haltestelle Cruce El Castillo | **Anfahrt** LP-1, bei Las Tricias auf die LP-114, dann auf die Calle el Castillo | **Tipp** Eine genauere Beschreibung der Wanderung findet sich auf der Website der Tasca El Castillo: tascaelcastillo.com, Tel. +34/922/400036, Do, Fr, So ab 14 Uhr geöffnet, auch kleinere Speisen; www.restaurante-azul-lapalma.com, Tel. +34/922/400660, Sa, So ab 13 Uhr geöffnet, Viergängemenüs der gehobenen Kategorie.

GARAFÍA

26 Die Fajana de Franceses
Franzosen und ein Voodoo-Stübchen

Der Mythos der französischen Unbesiegbarkeit geriet im Jahr 1808 in der Schlacht bei Bailén in Andalusien stark ins Wanken. Nach der fehlgeschlagenen Eroberung Spaniens wurden über 12.000 französische Soldaten, die unter Napoleon gekämpft hatten, auf die Baleareninsel Cabrera verfrachtet, wo der Großteil an Hunger und Krankheiten starb. Etwa 300 Männer jedoch wurden nach La Palma gebracht, wo man ihnen in einer humanen Geste Land in der entlegenen und dünn besiedelten Gemeinde Garafía zusprach. Die Männer lebten zwar im Exil, aber immerhin in Frieden. Nachnamen wie Bethencourt oder Fourier, die sich in Garafía gehalten haben, gehen auf jene Zeit zurück.

In der kleinen, nach den Franzosen benannten Ortschaft La Fajana de Franceses leben auch heute nur wenige Menschen, aber ihre reizvolle Lage ist Anziehungspunkt für viele Wanderer. Der oft begangene Wanderweg GR130 führt hier an der schroffen und spektakulären Steilküste entlang. Hat man Lust auf ein Bad im Atlantik und ist einem kleinen Abenteuer nicht abgeneigt, so folgt man der Straße hinab zur Küste, die noch vor dem Dorf links abgeht (Wegweiser Fajana). Die asphaltierte Piste schlängelt sich knappe fünf Kilometer an den mit Kakteen bewachsenen steilen Felswänden entlang. Die Badestelle liegt an einem ehemaligen Bootsanleger direkt am Meer.

In den Überresten eines Hauses wohnt ein gastfreundlicher Lebenskünstler und lädt Besucher schon mal auf ein Gläschen Wein oder frisch geangelten Fisch ein. Von der Decke seiner niedrigen, schummrigen Wohnhöhle hängen gesammelte Dinge herab, mysteriös, wie im Zelt eines Medizinmannes. Gekauft hat Rente, der genügsame Idealist, das Steinloch vor über 35 Jahren, nichts Schriftliches, nur per mündlichem Vertrag. Er führe ein sehr schönes Leben da unten am Meer, so viel freier und besser als in seinem Haus oben im Dorf, erzählt er gerne.

Adresse Calle La Fajana, 38728 Garafía | **Anfahrt** nur mit dem Pkw über die LP-1 möglich, die Abfahrt zur Fajana ist mit einem Holzschild markiert | **Tipp** Eine liebevoll geführte Pension ist »Mar y Monte« in der Ortsmitte von Puntagorda. Fünf gemütlich eingerichtete Zimmer stehen zur Wahl, ein grün bepflanzter Patio oder die Dachterrasse laden zum Entspannen ein. Gegen einen kleinen Aufpreis gibt es ein gesundes und abwechslungsreiches Frühstück (www.la-palma-marymonte.de).

GARAFÍA

27 Im Land der Drachenbäume

Das Leben ist Traum

»La vida es sueño«, schrieb der Barockdichter Calderón de la Barca. Wenn man in den Norden La Palmas kommt, glaubt man das sofort. Die Drachenbäume wachsen zwar auch an anderen Stellen der Insel, aber nirgends so zahlreich, üppig und imposant wie hier in Las Tricias vor der blauen Kulisse des Ozeans. Diese uralten Lebewesen, die sehr langsam wachsen, säumen die Wanderwege wie die altertümliche Schweizergarde den Vatikan. Dabei wächst hier noch viel mehr. Zitronen natürlich, Orangen, Opuntien, Agaven, Aloen und zahlreiche andere Pflanzen. Der ganze Landstrich ist ein großer botanischer Garten, für Kenner wie für Flaneure und stille Genießer. Man darf hier alles anfassen: die knorrige Runzelhaut der alten Drachen und die glatten Stämme der jüngeren, die schuppige Borke der Pinien, nur bei den Kakteen sollte man vorsichtig sein.

Der beliebte Wanderweg führt von der Kirche in Las Tricias durch die Allee der Drachenbäume immer in Richtung Norden, auf den Atlantik zu. Vorbei am Café »Finca Aloe«, wo man Salate essen kann, die mit blauen Blüten verziert sind, außerdem Vollkornbrot, selbst gebackene Pizza vegetal und Schokoladenkuchen, exotische Smoothies – das Leben ist Traum! Doch da kommt noch was. In Serpentinen schlängelt sich der Weg hinunter zu den Höhlen von Buracas. Es handelt sich um eine Reihe von Wohnhöhlen der Urbevölkerung, die dort im Gestein ihre Spiralen- und Mäanderritzungen hinterlassen hat. Genutzt wurden die Hochhaushöhlen, die sich hier über drei Stockwerke erstrecken, zum Wohnen, als Stallungen, als Vorratslager und als Friedhof. Die Bedeutung der Höhlen entdeckte man erst 1941. Genutzt wurden sie von verschiedenen Generationen bis in die jüngste Vergangenheit, da es hier zwei lebenswichtige Quellen gibt.

Einsamkeit findet man auf dieser Tour nur bedingt. Wer es stiller mag, dem sei der Weitwanderweg GR130 der Insel empfohlen.

Adresse Diseminado Lomo los Barrero 32, 38788 Las Tricias | **ÖPNV** Bus 100, Haltestelle Entrada Buracas | **Anfahrt** über die LP-1 und LP-114 | **Tipp** Wenn Sie im Sommer nach dem Wandern noch nicht ausgelastet sind und gerne baden wollen, dann testen Sie doch einen der kleinen, wilden Strände wie die Punta del Puerto Viejo oder die Caleta Paso de la Soga wenige Kilometer nördlich. Natürlich mit der gebotenen Vorsicht in Bezug auf Zugang und Seegang.

GARAFÍA

28 Die LP-4 zum Roque
Mit dem Auto aufs Inseldach

Der Roque de los Muchachos ist der höchste Punkt der Insel, 2.426 Meter über dem Meer. Seit den 80er Jahren, als die großen Observatorien auf dem Roque gebaut wurden, kann man ihn bequem auf einer ausgebauten Landstraße erreichen. 47,84 Kilometer lang ist die LP-4, die »Carretera del Roque«, die von der Ortschaft Mirca nördlich der Hauptstadt zu den Observatorien und hinunter bis Hoya Grande auf der Westseite führt. Die LP-403 ist das Anschlussstück zum für jedermann und jedefrau erreichbaren Gipfel.

Auf den wenigen kurvenreichen Kilometern von Meereshöhe ins Hochgebirge passiert man mehrere Klimazonen. Von den Subtropen gelangt man schon bald in Esskastanienwälder. Ihnen folgen mächtige kanarische Kiefern, und über der Baumgrenze schließlich gibt es nur noch Fels und erkaltete, erodierte Lava, die sich am Straßenrand zu bizarren Gebilden auftürmt. Spätestens hier taucht man in der Regel aus der Passatwolke wieder auf und blickt in einen strahlend blauen Himmel. Der Norden und Osten sind im Nebel versunken, in der Ferne glitzert der Atlantik, auf Teneriffa ragt der Teidegipfel aus den Wolken, und auch La Gomera lässt sich erahnen.

Auf dem windigen und kühlen Gipfel ist man tagsüber nie allein. Besucher schälen sich aus den Autos, wandern auf befestigten Wegen eine kleine Chinesische Mauer entlang und stellen sich zum Gruppenfoto auf. Ein Rabenpaar beobachtet alles, was an Essbarem ausgepackt wird, und eine Schar Grajas, Bergdohlen mit roten Schnäbeln und Füßen, steigt mit dem Wind auf und ab. Der Blick in die Caldera bis hinunter in den Barranco de las Angustias und nach Tazacorte ist atemberaubend. Im Süden erkennt man die Vulkane der Cumbre Vieja wie auf einer Perlenkette aufgereiht.

Für den Rückweg nimmt man wieder die LP-4, entweder zurück nach Santa Cruz oder nach Westen, Richtung Tazacorte und von dort auf der LP-3 zurück an die Ostküste.

Adresse Roque de los Muchachos, 38787 Garafía | **Anfahrt** LP-1, LP-4 und LP-401 zum Gipfel | **Öffnungszeiten** ganzjährig befahrbar außer nach starken Regenfällen oder Eisbildung | **Tipp** Wer die westliche Abfahrt der LP-4 nimmt, kommt in der Gegend um Briesta durch Weinanbaugebiete. In den Bodegas El Níspero und Vinos Vitega kann man Inselweine verköstigen und einkaufen (www.vinosvitega.com, elnispero.es).

GARAFÍA

29 Die MAGIC-Teleskope
Von galaktischen Explosionen und Gammablitzen

Die MAGIC-Teleskope (*Major Atmospheric Gamma-Ray Imaging Cherenkov Telescopes*) sind parallel ausgerichtete Spiegel auf dem Roque de los Muchachos. Was beobachten die futuristisch spiegelnden Augen genau?

Die Entstehung von Gammablitzen ist das bisher energiereichste gemessene Ereignis im Universum. Sterne kollidieren miteinander (Supernovae), sterben oder werden von schwarzen Löchern zerteilt und verschluckt. In solch gewaltigen Momenten entsteht Gammastrahlung, elektromagnetische Strahlen, die einzeln bis zu 1.000 Millionen mal stärker als sichtbares Licht sein können. Gammastrahlen werden in der Atmosphäre absorbiert, dennoch können sich ihre abgespaltenen Photonen mit Luftmolekülen verbinden. Kaskaden aus Millionen und sehr schnellen Sekundärteilchen entstehen – der Moment, für den die Teleskope in höchster Technologie erschaffen wurden und auf den die Physiker im angeschlossenen Kontrollhäuschen warten. In den kurzen und kostbaren Sekunden dieses Partikelregens reagiert MAGIC schneller, als ein Mensch je dazu imstande wäre. Die 17 Tonnen »leichten« Schalen bestehen aus ultrastabilem Karbon mit wenig Gewicht und fangen die visuellen Signale ein. Eingebaute Fotoelektronen-Vervielfacher wandeln sie in messbaren Strom um und senden ihn durch Glasfaser-Pipelines an die Rechner zur Auswertung.

Vier Wochen dauert ein Turnus für ein Team aus Physikern aus aller Welt, immer von Sonnenuntergang bis zur Morgendämmerung. An zwölf Bildschirmen flimmern Daten, Koordinaten und blinkende bunte Kreise, ein Warnsystem informiert über passierende Gammastrahlung. Das Team wertet aus und justiert die Teleskope per Software neu. Das internationale MAGIC-Projekt wird noch um weitere drei große und 15 mittelgroße Spiegel erweitert werden. Die Höhe des Roque de los Muchachos garantiert viele wolkenfreie Nächte, ideale Voraussetzung für die Forschung.

Adresse Observatorium Roque de los Muchachos, 38700 Garafía | **Anfahrt** nur mit dem Pkw über die LP-4 möglich | **Tipp** Das »AstroCamp« bietet auf Voranmeldung regelmäßige Führungen (nur tagsüber) in einem der Teleskope an. Für gut 90 Minuten können Besucher einen Blick auf modernste Technik und in die Welt der Astronomie werfen. Anmeldung unter www.astrolapalma.com.

GARAFÍA

30 Der Magier von Garafía
Ein Provokateur auf heiligem Boden

Schon in den Mythen der alten Griechen kommen die Kanarischen Inseln als Schauplätze vor. Den Garten der Hesperiden, bewohnt von den drei Töchtern des Titanen Atlas, vermuteten sie auf dem Teide in Teneriffa, dem »Tor zum Himmel«, bewacht von Ladon, einem feuerspeienden, 100-köpfigen Drachen. Der Sage nach wollte sich Atlas von der schweren Last des Firmaments auf seinen Schultern befreien. Doch Herkules, der versprach, ihm seine Bürde abzunehmen, machte sich im letzten Moment aus dem Staub.

Auch wenn die Kanaren mit Beginn der römischen Zeit aus der Mythologie verschwanden – die Geschichte verbindet sie seit sehr langer Zeit mit Europa.

Jorge Benda, ein Künstler aus Madrid, schenkte dem überforderten Atlas einen Rückzugsort in der üppig grünen Vegetation von La Zarza. Seine riesige Skulptur an der Hauptstraße trägt zwei Titel: »La fuga de Atlas«, »Die Flucht des Atlas«, und »La cabeza del mago«, »Der Kopf des Magiers«. Benda verbindet in seiner Schöpfung die geballten männlichen Kräfte des griechischen Helden und die der Bauern aus Garafía, die früher oft »Magos«, Magier, genannt wurden. Die mühsam von Menschenhand errichteten Mauerwerke auf den Inseln faszinierten den Bildhauer. Der Magier oder eben Atlas, dessen Gestalt stark an einen Mayakönig erinnert, ist daher auf gleiche Art gebaut, Lavastein auf Lavastein. Sein Gesicht ist ein sanftes, glattes Herz mit tief liegenden Augen und einer riesigen, platten Nase. Sein Kinn ziert ein kantiges Pharaonen-Bärtchen.

Bendas Werk hat eine Diskussions-, ja Empörungswelle unter den Palmeros losgetreten. Die meisten halten den Kopf für bedenklich. Ein Mayakönig direkt an einer der wichtigsten archäologischen Stätten der Insel? Benda nimmt's gelassen. Der Skulptur fehle nur noch eine Krone und eine Infotafel. Vielleicht trüge bereits ein wenig Aufklärung zur Abkühlung der erhitzten Gemüter bei.

Adresse Parque Cultural La Zarza, Carretera General, 38728 Garafía | **ÖPNV** Bus 100, Haltestelle La Zarza | **Anfahrt** LP-1, auf Höhe La Mata, Kilometerstein 59 | **Tipp** Kreatives Potenzial entdecken und ausleben kann man im Winterhalbjahr in verschiedenen Bildhauerworkshops auf der Insel (www.bildhauerkurse-la-palma.com).

GARAFÍA

31 Die Mühle von Llano Negro
Wind unter den Flügeln

Die Windmühle von Llano Negro, erbaut 1907 von Don Estéban Pérez González, erinnert an ein gut erhaltenes Skelett, dem lediglich ein paar Knochen fehlen. Sie ist ein Überbleibsel aus vergangenen Tagen.

La Palmas Getreidemühlen sind, neben einigen wasserbetriebenen Mühlen, alle für den Antrieb durch den kräftigen Wind erbaut worden. Die Mühle auf der »schwarzen Ebene« (Llano Negro) zog sogar einmal wegen der günstigeren Windbedingungen von ihrem alten Standort neben der Kirche zu den Getreidefeldern am Ortseingang um. Richtig schön ist sie immer noch, obwohl sie längst ihre Flügel verloren hat und die meisten Querstreben des Windrads herausgebrochen sind. Das verschlossene Mühlenhaus aus Stein wird an einigen Stellen von Stützlatten vor dem Einsturz bewahrt, das unverwüstliche Räderwerk ist mit einer dicken Rostschicht überzogen. Der lange Außenbalken zum mühsamen Justieren in die passende Windrichtung ist, wie auch der Mühlenturm, aus Teaholz gebaut und noch intakt. Die Mühle wirkt, so wie sie dort auf der rötlichen Erde steht, wie eine alte spanische Doña, die zwar am Stock geht und Haare verloren, aber nichts von ihrer Würde eingebüßt hat. Knappe 70 Jahre kamen die Bauern der Umgebung, um ihre Gerste, den Weizen und andere Getreidesorten zu nahrhaftem Mehl mahlen zu lassen. Das heutige orangefarbene Gebäude neben der Mühle diente als Getreidelager und Stall für Rinder und Mulis.

Die Mühlen der Insel sicherten den Bewohnern das Überleben. Hüter des palmerischen Erbes stellen stets ihren Verfall an den Pranger. Eine komplette Restaurierung wurde bisher nur an zwei Windmühlen vorgenommen, an der Molino de Mazo und an der Mühle von Las Tricias, in der ein Museum eingerichtet wurde. Bis die Politik Geld für ihren Erhalt aufbringen wird, dienen die alten Windmühlen als Rastplatz für Bergdohlen, die sich scharenweise auf ihnen niederlassen.

Adresse Calle Cueva de Agua, Llano Negro, 38788 Garafía | **ÖPNV** Bus 100 bis Llano Negro | **Anfahrt** LP-1 und LP-112 | **Tipp** Die Gemeinde Garafía sorgte für die Restaurierung der alten Windmühle von Las Tricias. In ihrem Inneren befindet sich seit 2016 das »Museo de Interpretación del Gofio«, kurz MIGO. »Gofio« heißt die typisch palmerische Mehlmischung, die ursprünglich aus geröstetem Getreide und Mais hergestellt wurde.

GARAFÍA

32 Der Proís von Santo Domingo
Wo einst die Boote anlegten

»Proís« bedeutet so viel wie Pfosten oder Fels zum Anbinden kleiner Boote. Es gibt zahlreiche davon auf La Palma, vor allem an der rauen Nordküste, von der aus die Bewohner einst über den Seeweg ihre Waren in kleinen Nussschalen an andere Stellen der Insel beförderten.

Der Proís von Santo Domingo liegt in der Mündung des Barranco de Fernando Porto. Seinen Namen erhielt er durch dominikanische Mönche, deren Gärten und Stallungen früher nahe am Meer lagen. Über eine kleine, steile Abzweigung des Küstenwegs LP-9.4, dem Schild Richtung Puerto de Santo Domingo folgend, gelangt der Wanderer in knapp zehn Minuten an den ehemaligen Bootsanleger. Ab dem Parkplatz eröffnet sich bereits der Blick auf die drei grandiosen Felsen im Meer: der Roque de Santo Domingo, der Roque de las Tabaibas und der Roque del Guincho. Wild schießt der Atlantik an ihren Steilwänden empor und bildet weiße Ellipsen aus schaumigem Salzwasser um ihr Fundament. Bei so viel Naturgewalt mag man sich nur ungern in die Menschen von früher hineinversetzen, die unter großen Risiken ihre mit Getreide, Kartoffeln, Vieh und Passagieren beladenen Boote an dicken Seilen metertief hinunter ins Wasser ließen – ein respektvoller Blick in den gurgelnden Atlantik, mit etwas Sicherheitsabstand, reicht dem Besucher von heute völlig aus.

Auf dem felsigen Gelände des alten Hafens kann man dem Schauspiel der Wellen folgen oder, bei ruhigerer See, sogar ein Bad in dem kleinen Naturpool nehmen. Wer ein gutes Fernglas besitzt, kann Dreizehenmöwen und Gelbschnabelsturmtaucher beim Anflug auf ihr Refugium in den Felsnischen beobachten. Improvisierte Sitzgelegenheiten, die nahe am Wasser errichtet wurden, bezeugen die Verbundenheit von Mensch und Ozean. Das verfallene Gebäude und der liegen gebliebene Abfall sind weniger rühmliche Hinterlassenschaften der Besucher dieses Ortes.

Adresse Puerto de Santo Domingo, 38787 Garafía | **ÖPNV** Bus 100, Haltestelle El Calvario, zu Fuß in circa 40 Minuten bis zum Puerto | **Anfahrt** LP-1 und LP-1141 | **Tipp** Am 3. April feiert Garafía den Tag der Gemeinde, ein offizieller Feiertag seit 1999. Mehrtägige Veranstaltungen erinnern an die ersten demokratischen Kommunalwahlen in Spanien im Jahr 1979. Programmpunkte unter www.lavozdelapalma.com.

GARAFÍA

33 Der Wald von La Zarza
Wo Kobolde und Hobbits wohnen

Entspannte Spaziergänge sowie anspruchsvollere Wanderungen durch die dichten Wälder von La Zarza haben ihren Ausgangspunkt am Parkplatz des Kulturparks »La Zarza«. Gleich zu Beginn wird ein kurzer Tunnel durchschritten. Das gleißende Licht an seinem Ende verwandelt die Wanderer in schemenhafte Silhouetten, bevor es sie schließlich ganz zu verschlucken scheint – ein wunderbares Bild und prächtiger Auftakt für einen Besuch von La Palmas schönstem Fabelwesenwald.

La Zarza bedeutet Brombeerstrauch oder einfach nur Busch. Der Wald ist eine Fayal-Brezal-Vegetation, eine besondere Mischung aus Gagelbaum (*fayal*) und Baumheide (*brezo*), die botanisch zu den Buschgewächsen zählt. Auch Lorbeerbäume, Farne und Linden gedeihen in dieser meist kühlen Region prächtig. Aber der eigentliche Zauber entsteht durch die verwachsenen Fayale. Wie lange, ineinander verwobene Gliedmaßen räkeln sie sich knapp über dem Boden schwebend den Pfad entlang. Andere strecken sich schnurgerade und haushoch Richtung Sonnenlicht. Ihre Stämme sind oft mit einer dicken Moosschicht überzogen, sattgrün, von Regen und Nebelschwaden gespeist oder, in den heißen Sommermonaten, trocken wie Staub. Kleine transparente Pilze siedeln sich auf den grünen Kissen an oder hängen in seltsam fleischigen Gebilden von den Ästen herab. Wohin der Blick auch schweift, jede naturgegebene Verwachsung, jedes heruntergefallene Blatt sieht aus wie das gewollte Arrangement eines kleinen Kobolds oder anderer geheimnisvoller Waldbewohner.

Dem Weg ins dichter werdende Gehölz folgend, eine steile Treppe hinabsteigend, gelangt man in die Caldera de Agua, eine vom Wasser ausgewaschene Schlucht. So dicht bewachsen mit Bäumen und Efeu, eingekesselt von stufenartigen Felswänden und dunklen Höhlen an ihrem Fuße, könnte hier einer der Schauplätze von Tolkiens »Herr der Ringe« sein. Von der Schlucht aus führen gut ausgeschilderte Wanderwege zurück zum Parkplatz.

Adresse Parque Cultural La Zarza, Carretera General, 38728 Garafía | **ÖPNV** Bus 100, Haltestelle La Zarza | **Anfahrt** LP-1, Höhe La Mata, Kilometerstein 59 | **Tipp** Der Kulturpark von La Zarza beherbergt die bedeutendsten archäologischen Funde aus der Zeit der Ureinwohner La Palmas. Ihre Felsgravuren lassen sich auf einem kleinen Rundgang durch den schattigen Wald bestaunen, das angeschlossene Interpretationszentrum veranschaulicht, gut gestaltet, ihr Leben und ihre Geschichte. Geöffnet Di–So 11–19 Uhr, im Winter bis 17 Uhr.

GARAFÍA

34   Der Zauberwald
Unterwegs mit Felix und Pluto

Die Gemeinde Garafía liegt im grünen Norden der Insel. Dort erstreckt sich das weitläufige Erholungsgebiet von San Antonio del Monte, am Wochenende ein beliebter Treffpunkt von Familien, Ausgangspunkt für sehr schöne Wanderungen und Heimstätte der kleinen Ermita de San Antonio – der geschichtsträchtigen und ältesten Wallfahrtskirche des Ortes, die allerdings häufig mit geschlossenen Pforten vor sich hin ruht.

Auf einer Weide gegenüber der Kapelle grasen zwei Esel – Felix, ein katalanischer Prachtkerl, und der Jungspund Pluto. Ihr Besitzer ist der Kölner Richard Demblon, der vor einigen Jahren mit seiner Frau nach La Palma kam und geführte Wanderungen mit den Tieren anbietet, zur Entschleunigung oder zur Wiederentdeckung der Langsamkeit sozusagen. Richard ist früher viel mit dem Fahrrad durch Deutschland gereist. Das sei zwar schön gewesen, sagt er, ihm aber immer noch zu schnell. Wirkliches Sehen und Wahrnehmen gehe nämlich nur zu Fuß, so seine Philosophie. Zwei oder vier Stunden kann man mit den Eseln wandern oder mit ihnen auf einer mehrtägigen Tour von Herberge zu Herberge marschieren. Zur ersten Kontaktaufnahme werden die Tiere zur Kirche geführt und erst einmal ausgiebig gebürstet. Gegenseitiges Kennenlernen ist wichtig, bevor es auf Wanderschaft durch die angrenzenden Zauberwälder von La Zarza geht.

Der Stille des Waldes zu lauschen und den Tieren in den Pausen beim Grasen zuzusehen, das ist eine ganz spezielle Art, mit der Natur auf Tuchfühlung zu gehen. Den Eseln gelingt es sogar, mit ihren Lippen Kastanien aus dem stacheligen Mantel zu pulen. Stur sind sie gar nicht, die Esel, vielmehr weise und bedacht. Und so langsam neben ihnen hertrottend, verliert sich ganz allmählich auch noch der letzte Funke des alltäglichen Irrsinns mit seinen Terminen und Zeitplänen, und »alles, was uns groß und wichtig erscheint«, wird »nichtig und klein«.

Adresse Calle Las Cabezadas 15, 38787 Garafía, Tel. +34/645/299458, www.eselwandern-lapalma.de | **ÖPNV** Bus 100, Haltestelle San Antonio | **Anfahrt** LP-1 | **Tipp** Die Romería von San Antonio del Monte ist die größte Viehmesse und ein mehrtägiges Spektakel auf der Insel. Hier wird nicht nur das prachtvollste Rind gekürt, sondern es finden auch Konzerte statt, und es wird ausgiebig gefeiert.

35 Der Christus aus Mais
Ein Geschenk aus Amerika

Wir wissen von zahlreichen Schätzen, die Kolumbus und seine Nachfolger aus der Neuen Welt mit nach Europa brachten: Gold und Silber, Tomaten, Tabak, Kartoffeln, Mais, Zuckerrohr, Kaffee, Schokolade und vieles mehr bereichern seither unser Leben. Dass zu den Exportschlagern aus Amerika auch Christusfiguren aus einem ganz besonderen Material gehörten, ist weniger bekannt. Die Tarasco-Indianer aus dem heutigen mexikanischen Staat Michoacán hatten ihre Technik, aus Mais Skulpturen zu modellieren, schon vor der Conquista entwickelt und wendeten sie nun auch auf Christus- und Heiligenfiguren an.

»Tatzingüeni« heißt die Technik, bei der Maisblätter gebunden, getrocknet, mit Schnitzwerkzeugen bearbeitet, mit dem Handteller glatt geschliffen und mit Naturfarben bemalt werden. Im katholischen Spanien, wo zu vielen Gelegenheiten des Kirchenjahres, besonders in der Karwoche, Prozessionen abgehalten werden, hielten die Figuren aus Michoacán Einzug in viele Kirchen. Denn sie haben einen handfesten Vorteil gegenüber den in Europa üblichen Holzfiguren: Sie sind viel leichter und schonen Schultern und Rücken der Träger bei den Umzügen.

In der Pfarrkirche Nuestra Señora de los Remedios in Los Llanos gibt es eine besonders verehrte Christusfigur aus Mais: den »Cristo de la Salud«. Der Gekreuzigte in Lebensgröße wiegt gerade einmal vier Kilo. Der Materialunterschied zu Holz ist mit bloßem Auge nicht zu erkennen. Das indianische Element besteht vielleicht in der emotionalen Dramatik des Ausdrucks. Es ist ein sehr menschlicher Christus, dem man die unsäglichen Schmerzen ansieht, die er erleiden muss. Auch der Santísimo Cristo del Planto in einer kleinen Kirche in Santa Cruz stammt aus Mexiko. Die Altarnische, in der der Gekreuzigte hängt, ist mit farbigen Wandfliesen aus Portugal verkleidet. Ebenso wie die Virgen de la Nieve wurde der Cristo del Planto besonders von den Seeleuten verehrt.

Adresse Parroquia Nuestra Señora de los Remedios, Plaza de España, 38760 Los Llanos de Aridane | **ÖPNV** Bus 200, 300 nach Los Llanos, Haltestelle Cruce Puerto Naos | **Anfahrt** LP-3 und LP-2 bis Los Llanos; parken in der Avenida Dr. Fleming, weiße und blaue Markierungen | **Öffnungszeiten** täglich 8–13 und 16–20 Uhr | **Tipp** Sonntags gibt es auf der Avenida Dr. Fleming einen Bauernmarkt mit Obst, Gemüse, Blumen und anderen regionalen Produkten. Der Markt von Los Llanos befindet sich etwas weiter westlich des Zentrums, in der Calle Ramón Pol.

36 — Die Finca der Platanologen
Zurück ins Paradies

Manch einer, der die Philosophie des »Platanológico« kennenlernen möchte, wird sich erst einmal an sonnenbadenden Pauschalurlaubern des Hotels »Sol« in Puerto Naos vorbeischlängeln müssen, bis er den Eingang der Finca gefunden hat. Die Biobananenplantage, direkt neben dem großen Hotel-Betonklotz an der Strandpromenade und den konventionell betriebenen Bananenfarmen gelegen, wirkt wie ein beharrlicher Revoluzzer in einer mehr und mehr unnatürlich werdenden Welt.

Fran García, Palmero und leidenschaftlicher Betreiber der Anlage, empfängt an drei Tagen die Woche seine Gäste. Unter einer lichten, gemütlichen Laube erzählt er zuerst einmal etwas über die 15.000 Quadratmeter, die sich, nach langem traditionellen Anbau, seit 2009 zu einem lebendigen Ökosystem entwickeln dürfen. Wie so eines entsteht, das demonstriert Fran in gut zwei Stunden auf ausgesprochen unterhaltsame Weise. Die Machete wird gezückt, um eine Staude zu zerstückeln und ihren Aufbau verständlich zu machen. Weiter geht es durch den Dschungel, in dem Exoten wie Papaya, Maracuja, Mango und Physalis neben tropischen Blumen und aromatischen Kräutern genauso wachsen wie Rizinus und andere »Unkräuter«. Jede Pflanze hat ihren Nutzen, Schädlinge gibt es nicht. Gegen Schmetterlingsraupen werden Kohlköpfe gepflanzt, Marienkäfer verspeisen Blattläuse. Fran nennt die Mikroorganismen, die unter der dichten Mulchschicht ihre gute Arbeit verrichten, »people« und lehrt Demut.

Auf einer der Terrassen wohnen Schafe, Esel und Hühner, die für Dünger und somit den richtigen Treibstoff in der Erde sorgen. Drei prächtige Graugänse besuchen die Gruppe, während frische Früchte verspeist und die Schalen lässig über die Schulter nach hinten geworfen werden. Die kleinen »people« werden sich schon darum kümmern. Am Ende der Führung werden die Besucher als »Apostel« entlassen, um gesundes Gedankengut in die Welt zu tragen.

Adresse Carretera Charco Verde 255 G, Puerto Naos, 38760 Los Llanos de Aridane, Tel. +34/679/999343, www.platanologico.es | **ÖPNV** Bus 204, Haltestelle Hotel Sol | **Anfahrt** LP-213 | **Öffnungszeiten** Führungen Mi, Do und Sa 10.30 Uhr, Dauer circa 2 Stunden, Reservierung erforderlich | **Tipp** Die Playa de Charco Verde, nur 1,5 Kilometer südlich gelegen, ist ein schöner Strand zum Sonnen, Baden und Schnorcheln und hat einen gemütlichen Kiosk. Verleih von Stand-up-Paddling-Boards.

37 Die Galerie García de Diego

Kunst braucht einen Rahmen

Der aus Ibiza stammende Galerist Vicente García de Diego entdeckte vor Jahren seine Liebe zu der Insel La Palma und eröffnete im Sommer 2016, zusammen mit Ana Brígida, einer bekannten Inselkünstlerin, die Galerie »García de Diego« im Zentrum von Los Llanos.

Von der Fußgängerzone aus durch eine Glastür tretend, eröffnet sich dem Besucher ein ruhiger Ort, um zeitgenössische Kunst von nationalen und internationalen Malern, Fotografen und Bildhauern kennenzulernen. Ein großzügiger heller Flur verbindet kleine, schummrige Räume im alten kanarischen Stil auf zwei Etagen sowie einen sonnigen Innenhof. Reduzierte moderne Architektur, traditionelle Bauart, Lichtspiele und harmonische Farbgestaltung – hier waren Könner mit viel Erfahrung und Gespür am Werk. Zum kurzen Durchrennen in Wanderschuhen also viel zu schade. Wer vom Treiben der bunten Stadt genug hat und sich mal ausklinken möchte, um in Ruhe und mit Muße in die Welt der Kunst einzutauchen, findet hier ein kleines Paradies. Für ein anregendes Gespräch mit den Galeristen oder anwesenden Künstlern ist auch immer Zeit.

Ruhige Stillleben impressionistischer Maler, farbstarke, moderne Gemälde junger Newcomer, Abstraktes, Installationen, Skulpturen aus Eisen und Stahl – die aktuellen Ausstellungen werden stets im unteren Stockwerk gezeigt und ziehen dann, nach zwei Monaten, in die obere Etage um. Die mit Ölfarbe gespachtelten Bilder des palmerischen Malers Pedro Fausto zum Beispiel oder expressionistische und dynamische Werke von Matías Sánchez. Ovubambo, die freundliche Sonnenkönigin aus recyceltem Stahl und Metall, steht meist oben auf der Dachterrasse, blickt durch ein großes Fenster nach unten und wirft ihre schöne Silhouette als Willkommensgruß in den Eingangsbereich. Manchmal wandert sie durch die Galerie und wird als zahme Wächterin vor einen Ausstellungsraum oder in den Garten postiert.

Adresse Calle Real 48, 38760 Los Llanos de Aridane, Tel. +34/922/460416 | **ÖPNV** Bus 208, Haltestelle Barriada El Roque | **Anfahrt** LP-3, parken auf allen blau oder weiß gekennzeichneten Parkplätzen oder im Parkhaus in der Avenida Dr. Fleming | **Öffnungszeiten** Mo–Sa 11–14 und 18–21.30 Uhr, So 11–14 Uhr | **Tipp** Professionell und zackig: Für einen guten Haarschnitt bei dem Wiener Friseurmeister Peter nimmt man auch gern eine etwas längere Anfahrt in Kauf. Seine Peluquería in Puerto Naos ist von Mittwoch bis Samstag geöffnet (Termine nach Vereinbarung unter Tel. +34/922/480904).

LOS LLANOS DE ARIDANE

38 Die Glasbläser von Argual
Von Böhmen bis nach La Palma

Er sei kein Fotomodell, erklärt der Glaskünstler, als ich ihn bei seiner Vorführung fotografiere, und dass jedes Foto zehn Euro koste. Dabei gibt Dominic Kessler mit seinem ausgeprägten Bizeps ein gutes Model ab, alles Koketterie. Er stammt aus einer böhmischen Glasbläserdynastie und hat sein Handwerk von der Pike auf gelernt. Seit vielen Jahren hat er seine Werkstatt an der Plaza de Sotomayor im Vorort Argual.

Wenn sonntags Flohmarkt auf der Plaza ist, wird Dominic Kesslers Laden voll. Alles drängt sich zwischen den edlen, aber absolut erschwinglichen Glasobjekten, vorsichtig natürlich, um ihm bei der Arbeit zuzusehen. Die Esse ist unter Feuer, die Werkzeuge liegen parat, ebenso die Schalen mit den Farbpigmenten und die Rohmasse für die Glasherstellung. Dominic bearbeitet seinen glühenden Glasklumpen durch Drehen, Blasen und gezielte Kühlung mit Hilfe von Holz- und Metallwerkzeugen und das anschließende Drehen in Wasser. Langsam entsteht vor unseren Augen eine Vase in Blau und Rot. Bei den Farben lässt der Glasmacher sich von den Farben der Insel inspirieren. Seine Objekte entstehen durch seine Kunstfertigkeit und das Feuer, weshalb der Geschäftsname »Artefuego« passt wie angegossen.

Schnell ist die Form der zukünftigen Vase zu erkennen. Mit der Metallschere schneidet der Künstler den Rand und bearbeitet die Form durch beständiges Drehen nach. Sobald das heiße Werkstück in Kontakt mit Wasser kommt, verdampft dieses. Das flüssige Glas gleitet bei den Drehbewegungen auf der Oberfläche des Dampfes, wodurch eine absolut glatte Oberfläche entsteht. Dann wird noch der Boden der Vase verstärkt, und fertig ist das Stück, das nun in einer Art Ofen ganz langsam abkühlen darf, was seine Haltbarkeit erhöht. Dieses Stück kann man also noch nicht kaufen. Aber dafür gibt es viele andere im »Artefuego«. Alles Unikate. Man muss sie nur noch heil nach Hause bringen.

Adresse Calle San Antonio 29, 38760 Los Llanos de Aridane, www.artefuego.com |
ÖPNV Bus 207 von Los Llanos Richtung Tazacorte, Haltestelle Argual, Cupalma |
Anfahrt LP-2 und LP-3 bis Los Llanos, dann LP-2 bis Argual | **Öffnungszeiten** täglich 10–14 Uhr, Do geschlossen, So Vorführungen | **Tipp** An der Plaza de Sotomayor stehen die ältesten Gebäude von Los Llanos. Sie gehörten den Zuckerbaronen Sotomayor, Massieu-Van Dale und Monteverde. Die Häuser aus dem 17. Jahrhundert haben schöne Patios (Innenhöfe) mit Holzgalerien, in die man während der Bürozeiten der Ämter, die darin untergebracht sind, auch einen Blick werfen kann.

39 Die Graffiti

Fassaden zum Staunen und Entdecken

Manchmal werden sie die »Wandbilder« von Los Llanos genannt, obwohl es in der Mehrzahl keine sind, sondern im Atelier auf Einzelplatten gemalte und dann zusammenmontierte Bilder. Der offizielle Name für das Projekt ist »CEMFAC«. Die sperrige Abkürzung steht für »La Ciudad en el Museo. Foro de Arte Contemporáneo« – »Die Stadt im Museum. Forum zeitgenössischer Kunst«. 1999 wurde das Projekt initiiert, 25 Gemälde sind insgesamt geplant, um unansehnliche oder auch nur kahle Fassaden in Los Llanos zu verschönern. Etwa 20 sind es bisher. Von einigen blättert schon wieder die Farbe ab, was im Moment noch nicht schlimm ist, in Zukunft jedoch ein kleines Budget für die Instandhaltung erfordern wird.

Man kann sich in der Touristeninfo einen Übersichtsplan holen oder sich einfach durch die Gassen des historischen Stadtkerns treiben lassen und sie selbst entdecken. Manche messen 60, andere bis zu 140 Quadratmeter, je nachdem, was eine Fassade eben so hergibt. Eines der bekanntesten Bilder ist der »Turm von Babel«, den der Künstler Luis Mayo im Jahr 2000 vom biblischen Orient ins Aridanetal verpflanzt hat. Auf Hugo Pittis »Boulevard der Melancholie in der Stadt der Hähne« sind Ruderboote und (Amphibien-)Autos unterwegs. Meer und Menschen auf Schiffen und Booten sind immer wiederkehrende Motive, auch Palmen und Kakteen, ohne ins allzu Gefällige abzugleiten. Auf dem Bild »La gran ola« erscheint die »große Welle« wie ein in sich verschlungenes Riesentau, in dem Häuser, Palmen und Schiffe versinken. Gemalt hat es der Valencianer Javier Mariscal, von dem auch das Maskottchen für die Expo 2000 in Hannover stammte.

2016 kam mit »Querer volver« (»Zurückkehren wollen«) ein farbenfrohes Gemälde der Madrider Künstlergruppe Boamistura in einer hässlichen Ecke der Stadt hinzu. Es wurde von den Graffitikünstlern tatsächlich direkt auf die Fassade aufgetragen.

Adresse Start: Plaza de España, 38760 Los Llanos de Aridane | **ÖPNV** Bus 300, Haltestelle Cruce Puerto Naos | **Anfahrt** von Santa Cruz auf der LP-3 und LP-2 bis Los Llanos | **Tipp** An der Plaza de España, Ecke Calle Ángel, befindet sich das hübsche Café des »Hotel Edén« mit schattiger Terrasse unter alten Lorbeerbäumen. Wer im Hotel wohnt, hat von der Dachterrasse einen besonderen Blick auf einige der Fassadenbilder.

LOS LLANOS DE ARIDANE

40_Der Kiosco 7 Islas
Frischer Fisch am Strand

Ein Kiosco gehört auf La Palma zum Strand wie ein Fisch auf den Teller. Die Aufregung war entsprechend groß, als 2015 hier, an der kleinen Playa de Remo südlich des Leuchtturms »La Bombilla«, den drei Kioscos, überaus beliebten und gerne besuchten Fischlokalen, der Garaus gemacht wurde. Abgerissen! Und weshalb? Weil die Kioske praktisch schwarz gebaut und ohne jede Lizenz seit Jahren betrieben worden waren, und das auf dem Grund und Boden der Küstenbehörde. Die schaute über all die Jahre zu, aber irgendwann wurde doch gehandelt. Das hatte lange Gesichter bei den Einheimischen wie den Residenten und Urlaubern zur Folge. Kein Kiosk am Strand? Ja, wo soll man denn dann mittags etwas essen, zwischendurch Kaffee trinken, abends den Sonnenuntergang bei einem schönen Glas Wein erleben?

Die Ebbe dauerte nicht sehr lange. 2016 wurden die Lizenzen neu vergeben. Sie gelten allerdings immer nur für ein Jahr und werden dann verlängert. Die Bauten müssen so konstruiert sein, dass sie unter Umständen auf Verlangen wieder abgetragen werden können.

Der Neubau des »Kiosco 7 Islas« wurde von einem Architekten aus Puntagorda und einem weiteren aus Gran Canaria entworfen. Ja, es ist noch ein Strandbau, mit Lokal im ersten Stock und dem idealen Blick aufs Meer. Das Lokal ist modern, eine Kombination aus Weiß und Holz, die Ausstattung stilvoller als in den »Kioscos de toda la vida«, den wilden Bauten, die auf nichts als dem Gewohnheitsrecht basieren. Gehoben ist auch die Küche, der Fisch frisch und die Auswahl gut, von Seezunge über Seehecht und Kabeljau bis zu Papagei- und Tintenfisch, der Salat knackig, die Kartoffeln runzlig, wie es sich gehört, der Service freundlich und zuvorkommend, die Preise zivil, wenn auch, für palmerische Verhältnisse, nicht billig.

Wer keinen der etwa 30 Sitzplätze auf der Terrasse ergattert, kann zur Konkurrenz ausweichen, den Kioscos »Reme« oder »El Charco«. Oder reservieren.

Adresse Calle Manuela Sotomayor 16–36, 38760 Los Llanos de Aridane | **ÖPNV** Bus 204 von Los Llanos nach El Remo | **Anfahrt** von Los Llanos auf der LP-213 bis El Remo, parken am Strand | **Öffnungszeiten** ganzjährig geöffnet | **Tipp** Die LP-213 endet in El Remo und bei den Bananenplantagen. Es gibt an der Küste keine Verbindung hinunter nach Fuencaliente und Las Indias. Dafür hat El Remo einen kleinen Strand und an der Felsküste Meereinstiege über Leitern.

41 Das MAB
Moderne Behausung für ein uraltes Volk

Die spanische Bezeichnung für die Altkanarier lautet allgemein »Guanchen«, die palmerischen Ureinwohner heißen »Benahoaritas«. In Los Llanos hat man 2007 ein modernes Museum für sie gebaut: das »Museo Arqueológico Benahoarita«, kurz MAB.

Die Altkanarier stammen vermutlich aus Nordafrika. Sie waren groß gewachsen und mit den marokkanischen Berbern verwandt. Die einzigen Schriftzeichen, die man in Stein geritzt fand, deuten auf eine Verwandtschaft mit libyschen Tuareg hin. Doch wie kamen sie auf die Kanarischen Inseln? Bisher gibt es keine Hinweise dafür, dass sie Boote bauten und Kontakt zu den Bewohnern der anderen Inseln hatten. Leider wurde noch kein Rosettastein gefunden, der helfen würde, ihre Spiralen, Kreise, Halbkreise, Mäander und Kreuzformen definitiv zu enträtseln. Waren es Flurzeichen, markierten sie Wasserstellen, dienten sie einem Sonnenkult? Die Benahoaritas lebten wie Steinzeitmenschen. Ohne Metall, ohne Rad, ohne andere Fortbewegungsmittel als die eigenen Beine. Sie wohnten in Höhlen und Hütten, hielten Schafe, Ziegen und Schweine, ergänzten den Speisezettel durch Fisch, konnten schwimmen, schufen eine fein verzierte schwarze Keramik und legten Wege an, die »Caminos reales«, auf denen wir auch heute noch über die Insel wandern. Die Aufteilung in ihre verschiedenen Stammesgebiete entspricht fast identisch den heutigen politischen Gemeinden der Insel.

Man schätzt die Zahl der Ureinwohner zum Zeitpunkt der Ankunft der Spanier im Jahr 1492 auf circa 4.000. Selbst wenn ein gewisser Prozentsatz getötet oder versklavt und verschleppt wurde, so waren sie den Spaniern zahlenmäßig doch überlegen. Ihr genetischer Anteil, besonders in der weiblichen Linie, lebt in den heutigen Palmeros fort. Die Ausstellung im MAB zeigt Artefakte und rekonstruiert das Alltagsleben der Ureinwohner, soweit man davon heute Kenntnis hat. Hier begegnen die palmerischen Schulkinder ihren Ahnen.

Adresse Calle las Adelfas, 38760 Los Llanos de Aridane | **ÖPNV** Bus 200, 300 nach Los Llanos, Haltestelle El Chino | **Anfahrt** LP-3 und LP-2 bis Los Llanos; Achtung, die Calle las Adelfas ist eine Einbahnstraße | **Öffnungszeiten** Mo–Sa 9–20 Uhr, So 9–14 Uhr | **Tipp** Wenn Sie in Los Llanos sind, machen Sie unbedingt einen Spaziergang durch die quirlige Innenstadt mit ihren schönen Plätzen, den alten Lorbeerbäumen, den bemalten Hausfassaden und/oder kehren Sie in eine der Kneipen und Restaurants in der Calle Calvo Sotelo ein. Es gibt auch viele kleine Läden zum Stöbern und Sich-verführen-Lassen.

42 Der Parque Antonio Gómez Felipe
Ein Park zu Ehren des Zahnarztes

Haben Sie auch einen so phantastischen Zahnarzt, dass Sie ihm am liebsten einen eigenen Park widmen würden? Dr. Antonio Gómez Felipe aus Los Llanos ist diese Ehre zuteilgeworden. Nicht weil er so schmerzfrei gebohrt hätte, sondern weil er jeden ohne Ansehen der Person und seines Geldbeutels gleich behandelt hat, auch solche mit chronischer Ebbe in der Brieftasche. Schon 1955 wurde dieser kleine Park im Stadtteil Triana, an der Ausfahrtstraße nach Puerto Naos, angelegt. Die seinerzeit gepflanzten Bäume haben inzwischen eine stattliche Höhe erreicht. Mit der Zeit verwilderte der Park, bis man 2010 seine Rettung anleierte. Arbeitslose Jugendliche wurden in die Instandsetzungsmaßnahmen eingebunden, die künstlerische Leitung übernahm der palmerische Tausendsassa Luis Morera. Er gestaltete den Park um und verpasste ihm den ihm eigenen Stil, der auch andernorts auf der Insel zu sehen ist: schmiedeeiserne Tore, Zäune und Treppenaufgänge, Mosaiken für Wege, Treppen, Einfassungen und kanarische Riesen-Eidechsen, die wie Drachen den Eingang säumen. Von der Sitzbank bis zum Toilettenhäuschen trägt alles die Handschrift des Künstlers.

Der Park wird auch »Kleiner Botanischer Garten« genannt. Die Vegetation ist auf einheimische Pflanzen beschränkt, dazwischen wurden typische Gesteinsformen der Lava platziert und arrangiert. Einem streng wissenschaftlichen Anspruch der möglichst vollständigen Abbildung der endemischen Flora kann der Parque von Triana nicht genügen. Hier war ein Ästhet und Sammler am Werk, sein Ansatz ist ein künstlerischer, kein rein botanischer. Ein Park zur Erbauung, nicht zur Unterweisung, weshalb die Pflanzen und Steine auch keine kleinen Schilder mit lateinischen Namen tragen. Ein zweiter Park, von dem ersten durch Zäune getrennt, gehört ganz den Kindern und Jugendlichen, die bei der Anlage des Parks mithalfen.

Adresse Carretera Puerto Naos A 9, 38767 Los Llanos de Aridane | **ÖPNV** Bus 204, Haltestelle Anra | **Anfahrt** LP-3 und LP-2 bis Los Llanos, LP-13 Richtung Puerto Naos, parken im Barranco Teñisca | **Öffnungszeiten** täglich 10–20 Uhr | **Tipp** Wenn Sie mehr von Luis Morera sehen möchten, besuchen Sie seine mit Mosaiken, Kakteen und Sitzbänken ausgestattete »Plaza Glorieta« in Las Manchas de Abajo. Adresse: Barrio Cuatro Caminos 17, 38769 Los Llanos.

43 Die Plaza Elías Santos Abreu

La Palmas Naturwissenschaftler

Für diesen schön angelegten Platz abseits des Trubels, noch im Zentrum von Los Llanos, nur eben in der zweiten Reihe, ist ein altes deutsches Wort wie geschaffen: »beschaulich«. Vielleicht liegt es am erquickenden Steinbrünnlein, an der etwas erhöhten Anlage, der parkartigen Bepflanzung mit Palmen, blühenden Bäumen und einem grünen Rundbogen als Eintrittstor, den Sitzbänken – der Platz lädt dazu ein sich auszuruhen, zu lauschen, das Auge schweifen zu lassen. Eine grüne Oase im Trubel der kleinen Stadt, von den Llaneros liebevoll *Plaza Chica* (kleiner Platz) genannt, ein Ort zur Erholung von Körper und Geist.

Genau dafür fühlte sich auch Don Elías Santos Abreu zuständig, der 1856 in Los Llanos geboren wurde und 1937 mit 81 Jahren in Santa Cruz starb. Er war Arzt, Naturwissenschaftler, Insektenforscher und Musiker. Ein Universalgelehrter des 19. Jahrhunderts. Das Abitur machte er auf Teneriffa, er studierte in Sevilla Medizin, doch dann kehrte er zurück nach La Palma, wo er 1898 an der ersten Ovariektomie, einer Eierstockentfernung, auf den Kanaren teilnahm. Doctor Santos Abreu beschäftigte sich neben der Arbeit in seiner Praxis in jeder freien Minute mit den Pflanzen und den Insekten seiner kleinen Inselwelt. Er sammelte, studierte, klassifizierte und schrieb darüber. Ein Essay über eine kanarische Tanzmückenart brachte ihm 1916 einen Preis der Real Academia der Wissenschaften in Barcelona ein. Aufzeichnungen aus seinem kleinen Labor zeigen, dass er schon vor Alexander Fleming Untersuchungen an Schimmelpilzen durchführte und dabei auch das Penicillium erforschte, aus dem Fleming 1928 das Penicillin entwickelte. Wären die Kanaren nicht so abgelegen und Doctor Santos nicht so allein auf weiter Forscherflur gewesen, wer weiß, was alles hätte passieren können. So aber ist es ruhig geblieben in der Geburtsstadt des Arztes und ganz speziell auf seinem beschaulichen Plätzchen.

Adresse Plaza Elías Santos Abreu, 38760 Los Llanos | **ÖPNV** Bus 200, 300 von Santa Cruz nach Los Llanos, Haltestelle Cruce Puerto Naos | **Anfahrt** LP-3 und LP-2 bis Los Llanos; Parken in der Avenida Dr. Fleming | **Tipp** Von der Dachterrasse des 2016 neu gestalteten Hotels Benahoare mit seinen 18 Doppelzimmern hat man einen schönen Blick hinunter auf das MAB oder hinauf zum Caldera-Rand. Das Café Idafe im Erdgeschoss bietet sich für ein sonniges Frühstück im Freien an (www.hotel-benahoare.com).

44 Der Rastro

Wochenendausflug nach Klein-Mexiko

Analog zum Beinamen »Klein-Paris« für den Ortskern von Tazacorte könnte man Argual als Klein-Mexiko bezeichnen. Den Charme der alten Plaza des Dörfchens, das ein Stadtteil von Los Llanos geworden ist, kann man als nostalgisch beschreiben. Sie ist groß, besitzt in der Mitte ein Steintor, das aussieht wie der Eingang zu einer mexikanischen Hacienda, hohe Palmen und wirkt etwas vernachlässigt, sagen wir, einfach nicht so schön restauriert und herausgeputzt wie andere Ecken, die Fußgängerzone in Los Llanos etwa. Genau diesem Charme erliegen reihenweise die Rastreros und die Scharen von Flohmarktbesuchern, die sich am Sonntagvormittag nach Argual begeben. Sie können den Platz gar nicht verfehlen. Einfach den Autoschlangen auf der Carretera folgen.

Geöffnet ist der Flohmarkt ab neun Uhr, eine christliche Zeit, wenn man es mit Deutschland vergleicht, wo die ersten Stände um sechs aufgebaut werden und die Schnäppchenjäger bereits zuschlagen. Hier geht es typisch palmerisch entspannter zu. Zwischen echte Secondhandstände mischen sich Bauern, die ihre Früchte oder Setzlinge anbieten: Palmen, Kakteen, Blumen, Obst- und Gemüsepflanzen. Hier bekommt man erntefrische Avocados, Guayaven, Mangos, Papayas, Kakis und Kuriosa wie die Ananasbanane, eine gurkenförmige Neuzüchtung, die eben nach beiden Früchten schmecken soll, sowie selbst gemachte Marmelade. Viele Kunsthandwerkerinnen sind hier, mit Schmuck aus Lavaperlen und Halbedelsteinen oder aus Makramee kunstvoll geknüpften Colliers und Armbändern. Auch Handwerker findet man, die Kleinmöbel bauen oder Messer machen und schleifen wie Thomas aus Italien, der hier eine neue Heimat gefunden hat. Es gibt frisch gepressten Zuckerrohrsaft und tolle Livemusik von Musikern der Insel. Planen Sie also ein bisschen Zeit ein und bringen Sie ein wenig Geld mit, denn die Künstler und Handwerker wollen schließlich auch leben.

Adresse Calle San Antonio 6, 38768 Los Llanos de Aridane | **ÖPNV** Bus 207 von Los Llanos, Haltestelle Argual, Cupalma | **Anfahrt** LP-202 und LP-3 bis Los Llanos, dann weiter auf der LP-2 Richtung Tazacorte bis Argual | **Öffnungszeiten** So 9–14 Uhr, ganzjährig | **Tipp** Im Restaurant »El Rincón de Moraga« direkt an der Plaza de Sotomayor können Sie gehobene kanarische Küche verkosten. Die Gerichte sind nicht nur ein Gaumenschmaus, sondern auch ausgesprochene Hingucker. www.rincon-moraga.com. Geöffnet Mo 19–23 Uhr, Di–Sa 13–16 und 19–23 Uhr, So Ruhetag.

45 Die Taubenhöhle
Gipsblüten unter dem Lavastrom

Wer sich auf La Palma in die Röhre begeben will, muss dazu nicht zum Radiologen, sondern nach Las Manchas. Über diesem Weiler im Südwesten der Insel brach am 24. Juni 1949 der Vulkan San Juan aus. Er bildete zwei Krater, den Duraznero und den Hoyo Negro, und eine Eruptionsspalte, aus der die glühende Lava den Hang hinunterfloss. Mit einer Geschwindigkeit von bis zu 30 Stundenkilometern wälzte sich der Strom, der an die 1.500 Meter breit und sieben bis acht Meter hoch war, ins Tal. Am 30. Juni erreichte er das Meer und schuf dort 21 Quadratkilometer Neuland, auf dem heute Bananen wachsen und ein Leuchtturm, die »Bombilla«, steht.

Aufgrund von sich überlagernden und unterschiedlich schnell erkaltenden Lavaströmen und diversen Gasexplosionen in ihrem Inneren entstand eine unterirdische Lavaröhre mit rund 60 Höhlen und senkrechten Verbindungstunneln, von denen einige für Besucher zugänglich gemacht wurden. Der einfachste Einstieg in die geräumige »Cueva de las Palomas«, eine Höhle, in der weiße Tauben leben, erfolgt mit Hilfe von Metallrampen. Man kann eine geführte Tour durch die Vulkanröhre buchen, die etwa zwei Stunden dauert. Dabei sieht man die verschiedenen Lavaschichten und Ausformungen, Gipsablagerungen und Ansätze zur Bildung von Stalaktiten und Stalagmiten.

Die Temperatur im Tunnel beträgt konstant 19 Grad, die Luftfeuchtigkeit liegt bei 80 bis 100 Prozent. Die Lavaröhre von Las Manchas ist ein geschütztes Naturdenkmal, und Besucher werden angehalten, weder die unter Schutz stehenden Langohrfledermäuse, die hier leben, mit ihren Stirnlampen zu stören noch an die Wände zu fassen. Denn die federartigen Gipsauskristallisierungen, die wie hauchzarte Blüten aussehen, werden bei der kleinsten Berührung zerstört, wovon man sich leider selbst überzeugen kann. Die Tour ist absolut interessant und völlig ungefährlich. San Juan hat seit 1949 keinen Muckser mehr getan.

Adresse Cueva de las Palomas, Carretera El Hoyo Todoque, 38759 Los Llanos de Aridane | **ÖPNV** Bus 205 von Los Llanos nach Las Manchas de Abajo, Haltestelle Volcán | **Anfahrt** LP-3, LP-2 bis San Nicolás, dann auf die Carretera El Hoyo Todoque bis zum Besucherzentrum | **Öffnungszeiten** nur im Rahmen einer Führung zu besichtigen; Buchungen zum Beispiel unter www.lapalmaoutdoor.com | **Tipp** Folgen Sie dem Lavastrom hinauf nach San Nicolás und sehen Sie sich dort unterhalb der Kirche die erste öffentliche Wasserleitung an, die Las Manchas 1912 erreichte und die Bürger versorgte. Direkt an der LP-2, gegenüber der Bar.

46 Der Aeropuerto La Palma
Zwischen Meer und Bananenstauden

Es war gar nicht so leicht, auf der gebirgigen Insel La Palma einen guten Platz für einen Flughafen zu finden. Der erste Versuch wurde in den 1920er Jahren an der Westküste, bei Tazacorte, gestartet. Ein bisschen weit weg von der Inselhauptstadt. Im zweiten Versuch, um 1950, errichtete man 350 Meter über Santa Cruz den Flughafen Buenavista, der bestimmt eine gute Aussicht bot, dessen Start- und Landepiste allerdings durch häufigen Regen oft nicht zu benutzen war. Zwei Jahre dauerte es, die Piste zu asphaltieren, doch Wind und Nebel aus den nahen Bergen führten auch weiterhin häufig zu Störungen.

Die nur 1.000 Meter lange Bahn hatte 1970 ausgedient, als man in der Gemeinde Mazo ein geeigneteres Stück Land an der Küste, nur acht Kilometer von Santa Cruz entfernt, gefunden hatte. Im April 1970 wurde der neue Flughafen eröffnet, der von der Bevölkerung als Ausflugsziel zum Kaffeetrinken und Einkaufen gut angenommen wurde. Durch die Aufschüttung eines Damms zum Meer hin konnte neues Land gewonnen und die Start- und Landebahn 1980 auf insgesamt 2.200 Meter verlängert werden. Seit einigen Jahren gibt es ein neues Flughafengebäude, das jedoch nie dieselbe Akzeptanz bei der Bevölkerung fand wie sein Vorgänger.

Das Passagieraufkommen lag 2015 bei 970.000, wovon mehr als die Hälfte Einheimische waren. »Binter« bedient die innerkanarischen Flüge, »Iberia« fliegt nach Madrid. Der Anteil der internationalen Flüge beträgt nur 30 Prozent, deren Hauptziel Deutschland ist.

Vielleicht haben Sie bei Ihrem nächsten Iberia-Flug das Glück, mit Kapitän Alberto Hevia nach La Palma zu fliegen. Seine Tipps für die Insel, die er gerne und ausführlich über das Cockpit-Mikrofon gibt, haben Kultstatus und kursieren längst in den sozialen Medien. Er ist ein Fan der »Isla Bonita« und folgt hemmungslos seinem Drang, den Passagieren von den Schönheiten der Insel vorzuschwärmen.

Adresse Carretera La Bajita s/n, 38738 Mazo, Tel. +34/902/404704, www.aena.es | **ÖPNV** Bus 500, stündlich, circa 30 Minuten Fahrtzeit | **Anfahrt** LP-2 und LP-5 | **Tipp** Etwas weiter südlich liegt an der LP-217 die Montaña del Azufre, ein alter Vulkan, dessen gelbe, rote, orange und schwarze Farbtöne aus der ihn umgebenden Landschaft herausragen. Auf dem leicht zu besteigenden Gipfel sind mehrere Kreuze aufgestellt.

47 Der Faro de Arenas Blancas

Weiß wie Schnee auf schwarzem Fels

Vier große Leuchttürme gibt es auf der Insel, einen auf jeder Inselseite. Der älteste liegt im Norden bei Barlovento, einer im Süden bei den Salinen von Fuencaliente, einer im Westen vor Puerto Naos und einer im Osten am Strand von Salemera, der zur Gemeinde Mazo gehört. Warum der zylindrische Turm, der 1989 erbaut wurde, nach dem »Weißen Sand« benannt wurde, leuchtet nicht so recht ein. Denn die Lava, die hier den Strand und die Küste bildet, ist so schwarz wie überall auf der Insel. Nur Insider können einen Unterschied erkennen und feststellen, dass der Sand in Salemera verhältnismäßig viele organische Anteile, Reste von Muscheln und kalkhaltige Algen, enthält und deshalb einen Tick heller erscheint.

36 Meter hoch und mit einer Leistung von 11.000 Candela Lichtstärke, hat der Faro, der die kleine Siedlung mit ihrer Strandbucht, den Palmen und holzgedeckten Schirmen überragt, eine Reichweite von 15 Seemeilen. Schwimmer steigen über eine Leiter ins Wasser, bunt gestrichene Boote werden über eine improvisierte Rampe aus Rundhölzern zu Wasser gelassen. Die Familien, die hier wohnen, leben in einstöckigen Katen. Von der ebenerdigen Küche führt eine Holztreppe hinauf in die Schlafräume. Ein pinscherartiges Hündchen döst im Halbschatten vor seiner Hütte. Die Brandung klatscht gegen die schwarzen Lavabrocken, die die Vulkane hier abgeladen haben. Der Blick geht hinaus aufs Meer, wo man bei guter Sicht Gomera, weiter östlich Teneriffa und Richtung Westen sogar das kleine El Hierro am Horizont ausmachen kann. Luftlinie sind es an die 90 Kilometer, aber manchmal scheint Gomera so nah, als könne man hinüberschwimmen.

Nach Süden hin ragt die gelbliche »Montaña del Azufre«, ein 275 Meter hoher »Schwefelberg«, auf. Bis hierher an die Küste flossen die Lavaströme aus dem Krater Duraznero im Zentrum der Insel 1949. Seitdem herrscht hier wieder Ruhe.

Adresse Calle Salemera 1, 38738 Mazo | **ÖPNV** Bus 200 und 201 Richtung Fuencaliente, Haltestelle La Casa Jalisco | **Anfahrt** LP-2 bis Lomo Oscuro, dann links abbiegen Richtung Playa de Salemera | **Öffnungszeiten** ganzjährig geöffnet | **Tipp** Im hübschen Kiosco »Playa de Salemera«, dessen Terrasse von einem kleinen Kakteengarten eingesäumt ist, können Sie sehr preiswert und gut Fisch, Fischsuppe und Meeresfrüchte essen. Die Musik ist karibisch, die Küche palmerisch. Geöffnet ab 12 Uhr mittags, Dienstag ist Ruhetag.

48 Das Grab von John Lee
Ein Stück Großbritannien auf La Palma

Poor Johnny Boy! Automatisch denkt irgendwie jeder an deinen berühmten Namensvetter Bruce, wenn dein Name fällt. Dabei war der niemals auf La Palma, und auch du hattest wahrscheinlich nie vor, dich hier dauerhaft niederzulassen, zumindest nicht unter den gegebenen Umständen. Wie zum Teufel kamst du hierher?

Im Oktober 1942 griff ein deutsches U-Boot eine Schiffsflotte der Royal Navy auf dem Weg von den USA zurück nach England an. Mit an Bord eines Begleitschiffes: der Soldat John Lee aus Liverpool, damals gerade einmal 22 Jahre jung. Er verlor bei dem Angriff das Leben. Sein Leichnam trieb monatelang auf offener See, bis ihn die Strömungen des Atlantiks im März 1943 an die Küste von Mazo spülten. Nach Kriegsende stellte das britische Konsulat auf den Kanarischen Inseln den Antrag, zu Ehren des tapferen Marine John Lee das kleine Fleckchen palmerischer Erde, in der er begraben worden war, in britisches Territorium umzuwidmen. Einige Monate zogen bis zur Bewilligung ins Land. Die zuständigen Behörden knirschten mit den Zähnen, aber am Ende siegte dann doch die Diplomatie, und seitdem gibt es das Kuriosum einer winzigen britischen Enklave auf dem Boden von La Palma, genauso groß – oder klein – wie ein Grab, plus ein paar Zentimeter Rand rundherum.

Das Grab strahlt heute vor allem Einsamkeit und Vergessen aus. Als Grabstein wurde ein Zementblock mit Gips überzogen, der an einigen Stellen abgeplatzt ist. Das Emblem des »Maritime Regiment Royal Artillery« und die Inschriften sind nur noch schwer zu entziffern. Vertrocknete zartlila Blümchen in einem angeschlagenen Wasserglas stehen neben praktischen Plastikblumen und beweisen, dass man ab und an nach John sieht. Auf einem Rundgang über den schön gelegenen Friedhof wird aber schnell klar, dass seine Ruhestätte durchaus nicht vernachlässigter als die seiner spanischen Kollegen ist.

Adresse Cementerio Municipal, Calle Caridad Salazar 24, 38730 Mazo | **ÖPNV** Bus 201, Haltestelle Instituto Mazo | **Anfahrt** LP-2, parken bei der Kirche | **Öffnungszeiten** Mo–Sa 8–20 Uhr, So 9–13 Uhr | **Tipp** Zur »Fiesta del Corpus Christi« (Fronleichnam) werden Blüten in tagelanger Handarbeit von den Anwohnern zu prächtigen Ornamenten gelegt. Die Blumenteppiche schmücken ganze Straßenzüge und sind das jährliche Highlight der Gemeinde Mazo (www.villademazo.com).

49 Die Mühlentöpferei
Keramik schwarz wie der Sand

Felsritzungen, Knochen und Werkzeugreste in Höhlen sowie Tonscherben. Viele Zeugnisse von den Ureinwohnern der Insel gibt es nicht. Allein anhand der Keramik ist eine zeitliche Einordnung und Bestimmung verschiedener Besiedelungsphasen möglich. Die Keramik war durchgehend schwarz, in Wulsttechnik, also ohne Drehscheibe, aufgebaut und außen mit feinen geometrischen Ritzungen verziert.

Als Ramón Barreto und seine Frau Vina Cabrera in den 1970er Jahren aus Venezuela zurück nach La Palma kamen, richteten sie sich in der ehemaligen Mühle in Hoyo de Mazo ein, wo es eine kleine Sammlung von Tonscherben der Ureinwohner gab. Zusammen mit Künstlern der Kunsthandwerkschule in Mazo lernten sie, wie man den Ton, der von der Insel stammt, in der alten Technik der Benahoaritas bearbeitet, verziert und brennt. Don Ramón und Doña Vina begannen Nachbildungen der alten Kunstwerke zu schaffen. Wunderbar dünnwandige Schalen in allen Größen, die wie in Urzeiten von Hand verziert werden. Manche Muster sind so kunstvoll, dass die Töpfer bis zu drei Tage daran arbeiten, ein einziges Gefäß zu gestalten. Die Kollektion besteht aus über 180 Stücken.

Die Mühle in Mazo ist Werkstatt und kleines ethnografisches Museum zugleich. Man kann die alten Werkzeuge sehen und einige Fundstücke. In einem Laden gibt es neben Nippes und Souvenirs auch die schönen schwarzen Keramiken aus der Werkstatt. Nicht zum Schnäppchenpreis, aber wenn man gesehen hat, mit welchem Aufwand sie gefertigt werden, hat man dafür Verständnis.

Einen Besuch ist die Mühle auf jeden Fall wert, auch für Nicht-Keramikfans, denn das historische Anwesen ist in einem sehr gepflegten Zustand. Eine typische palmerische Finca aus dem 19. Jahrhundert, umgeben von herrlichen Gärten, inmitten von Palmen, Kakteen, Obstbäumen und mit einem Blick über das Dorf hinaus aufs Meer.

Adresse Cerámica El Molino, Barrio Monte Pueblo 26A, 38739 Mazo, Tel. +34/922/440213 | **ÖPNV** Bus 201 Richtung Fuencaliente, Haltestelle El Molino | **Anfahrt** LP-2 bis Hoyo de Mazo, dort links auf den Camino Monte de Pueblo, Wegweiser | **Öffnungszeiten** Mo–Sa 9–13 und 15–19 Uhr | **Tipp** In Mazo gibt es am Samstagnachmittag und Sonntagvormittag jeweils einen Markt (Mercadillo Municipal) mit Obst, Gemüse, Wein, Honig und Kunsthandwerk aus der Region. An der Carretera Dr. Morera Bravo (www.villademazo.com).

50 Die Punta del Porís
Von Lupinen und weiblicher Anatomie

Die Punta del Porís ist ein eigenwilliger Fleck auf der Insel mit rauem Strand und Wochenendhäuschen, an den sich nur selten Touristen verirren. Denn zugegeben: Ein bisschen Mut braucht es schon, um die knapp acht Kilometer lange, abenteuerliche Piste hinabzufahren, was aber, bei gemäßigtem Tempo in einem normalen Auto, zu bewältigen ist. Biegt man von der Hauptstraße in den Camino Cruz del Palo Podrido, beginnt die etwas holprige und stellenweise recht steile Abfahrt, der Weg schlängelt sich durch grünen Wildwuchs und Weinfelder bis zum Zielpunkt am Meer.

Unter der Woche wird man hier kaum jemanden antreffen, die bunten *casetas* sind für die Wochenenden und Ferien errichtet worden. Spärlich zusammengenagelte Bretterbuden stehen neben schiefen Häuschen mit marode gewordenen Holzbrettern und Türen aus Aluminium. Kabel sind kreuz und quer gezogen, Scheiben teilweise eingeschlagen. Manche wirken verlassen, andere liebevoll instand gehalten. Strom kommt von eingemauerten Aggregaten und Solarpaneelen. Doña Gloria hat Geranien vor ihre Veranda gepflanzt – ein kleines Dorf mit Campingplatz-Charakter und Zeugnis palmerischer Bauanarchie.

Auf Streifzügen über den steinigen Strand kann man allerhand schön geformtes Treibholz und andere Schätze finden. Baden ist wegen der starken Brandung nur an wenigen Tagen möglich, aber es gibt ein kleines Naturschwimmbecken in den Klippen für sorgloses Planschen.

Und was sind das für eingezäunte, tiefe Gruben am Anfang des Strandabschnitts? In ihnen wurden früher Lupinensamen in Salzlake eingeweicht, um ihren bitteren Geschmack zu neutralisieren. Danach wurden sie geröstet und zerrieben, mit Gofio-Getreide zu Brei vermengt und gegessen. Aufregender als ihr Geschmack ist wohl eher die Optik der Lupinenblüten: Sie erinnerten den Täufer der *Charcos de los chochos* offenbar an eine Vagina – eine *chocho*.

Adresse Camino El Porís, 38738 Mazo | **ÖPNV** Bus 201, Haltestelle Casa Augusto | **Anfahrt** LP-2, Abfahrt in Monte de Luna bei der Schule in den Camino Cruz del Palo Podrido | **Tipp** Lupinen wurden vor allem zu Kriegszeiten auf La Palma kultiviert. Weitere Einweichbecken finden sich an der Küste, unterhalb des Flughafens. Dort laden auch einige Naturpools zum Baden ein.

51 Die Siedlung von Belmaco
Das barbarische Gekritzel der Ureinwohner

Entdeckt wurde die Höhle von Belmaco bereits 1752 von Domingo Vandewalle de Cervellón, der damals Militärgouverneur der Insel war. Er hatte nach einem im Gelände abgestürzten Kollegen gesucht und fand dessen Leichnam nahe der 35 Meter langen und bis zu zehn Meter hohen Wohnhöhle – eigentlich handelt es sich um einen großen Felsüberhang – in der Nähe von Mazo. 1772 wurde sie von einem Geschichtsschreiber zum ersten Mal schriftlich erwähnt. Die Felsgravuren, die Vandewalle vorgefunden hatte, bezeichnete der damalige »Historiker« in seiner Schrift als »Gekritzel« und »zufällige Spielereien oder Phantasien der alten Barbaren«. So viel zum Thema Kolonialismus.

Dabei ist Belmaco äußerst wichtig für die Erforschung der Archäologie der Insel. Laut mündlichen Überlieferungen könnten in dieser Höhle die letzten Könige der Ureinwohner, der Benahoaritas, gelebt haben. Es war ein Brüderpaar, und ihre Namen waren Juguiro und Garehagua.

Belmaco ist ein ganzes Höhlensystem, zu dem zwölf Wohnhöhlen, fünf Hirtenunterstände und eine Grabhöhle gehören. Genutzt wurde es bis in die 1950er Jahre hinein, wovon der gemauerte Ofen und Reste von Steinfliesen in der größten der Höhlen zeugen. Damals gehörten sie einem Strohhändler, der hier seine Ware lagerte. Die Gravuren wurden in Hacktechnik in den Felsen gemeißelt. Es sind Mäander, Spiralen, Schlangen, Kreise und Halbkreise zu erkennen, wie an anderen Orten der Insel. Sie könnten zwischen 200 vor Christus und 700 nach Christus entstanden sein.

Heute kann man den ganzen Komplex auf einem schön angelegten Rundweg durch den Barranco in mehreren Etagen erkunden. Er schlängelt sich zwischen Palmen, Drachenbäumen, kanarischen Kiefern, Farnen und zersprengten Felsen hindurch. Ein kleines Museum, in dem das Leben der Ureinwohner gezeigt wird und einige Fundstücke ausgestellt sind, rundet den Ausflug ab.

Adresse Parque Arqueológico de Belmaco, Lomo Oscuro 32, 38738 Mazo, Tel. +34/922/440090 | **ÖPNV** Bus 201 Richtung Fuencaliente, Haltestelle Belmaco | **Anfahrt** LP-2 bis zum Parque Arqueológico | **Öffnungszeiten** Mo–Sa 10–15 Uhr | **Tipp** Nur 100 Meter unterhalb des Parks befindet sich die 1705 geweihte Ermita de San Juan de Belmaco, eine kleine Kirche, die 1949 unter dem Ausbruch des gleichnamigen Vulkans San Juan schwer gelitten hatte, später jedoch wieder aufgebaut wurde.

52 Der Birigoyo
Kleiner Gipfel, große Freiheit

Über den Wolken ist die Freiheit bekanntlich grenzenlos. Und wer den Gipfel des Birigoyo erklimmt, gelangt auf jeden Fall über die fast täglich anrollende Passatwolke hinaus. Wem die große Vulkantour, die »Ruta de los Volcanes«, mit 18 Kilometern zu anstrengend ist, für den bietet sich der Pico Birigoyo als Schnuppertour an. Er ist 1.807 Meter hoch, also kein ganz Kleiner. Ausgangspunkt für eine Besteigung ist der Parkplatz beim Freizeitgelände El Pilar, das bereits auf 1.443 Metern liegt. Am einfachsten erreicht man den Gipfel, wenn man zunächst der beschilderten Vulkantour Richtung Westen folgt und dann links abzweigt, erst durch Kiefernwald, dann um den schon vor Urzeiten erloschenen Krater herumwandert und zuletzt die aus bröseligem Lavagestein bestehende Gipfelflanke hinaufsteigt. Auf dem rötlich braunen Gestein wachsen keine Bäume mehr, sondern lediglich ein paar niedrige Büsche, die dem Wind trotzen. Geht man ein wenig vom Weg ab, dann merkt man, wie beweglich der lose Untergrund ist.

Über einen langen Gipfelrücken erreicht man schließlich den höchsten Punkt, der ein 360-Grad-Panorama bietet: Richtung Süden überblickt man den Rücken der Cumbre Vieja mit ihren wie auf einer Schnur aufgereihten Vulkanen, im Norden die Cumbre Nueva, über die wie üblich die Passatwolke wabert, und dahinter die Caldera de Taburiente in ganzer Pracht, mit den 2000ern an den Rändern und dem bewaldeten Gipfel des davor gelagerten Bejenado. Wenn man Glück hat, sieht man zu beiden Seiten den Atlantik. Wenn man Pech hat, ist der gesamte Osten der Insel in einer Passatwolke verpackt. Die Wanderer sehen auf den Gipfelfotos dann aus wie Scherenschnitte in Schwarz-Weiß, und die Bilder bekommen etwas Mystisches. Ein Aufstieg zum Pico lohnt sich praktisch immer und ist nicht mehr als eine Halbtageswanderung. Der Weg über die Ostflanke ist offiziell gesperrt und daher nicht zu empfehlen.

Adresse Start: Refugio Pilar, 38758 El Paso | **Anfahrt** LP-3, dann LP-301 bis El Pilar, beschildert | **Tipp** Für Weitwanderer auf dem 87 Kilometer langen GR131, auch »El Bastón« genannt, gibt es auf dem Gelände von El Pilar ein Refugio, eine spartanisch ausgestattete Schutzhütte zum Übernachten, ohne Strom und Kochgelegenheit, aber mit Bettenlager und Holzofen.

53 Die Farm der Einwanderer
Quartalssäufer und ihre Wolfsmilchfreunde

Als die jetzigen Besitzer, ein französisch-schweizerisches Paar, ihr Haus inmitten eines Kakteengartens kauften, haben sie das erste Jahr nur aufgeräumt und entrümpelt. Die großen, bis zu 40 Jahre alten Kakteen, Sukkulenten und Wolfsmilchgewächse haben sie übernommen und gepflegt, dazwischen über 500 Arten von Kakteen, Aloes und Euphorbien neu gesetzt. Der private Kakteengarten ist eine Krake, die nach und nach ihre Arme in alle Richtungen ausstreckt. Inzwischen wandert sie den Hang hinauf, weil die ursprüngliche Gartenfläche voll belegt ist. Die beiden leidenschaftlichen Kakteenzüchter sammeln auch Pflanzen und Samen aus aller Welt, die sie von ihren Reisen mitbringen oder sich schicken lassen, um ihnen hier einen Platz zur Entfaltung zu bieten.

Auf La Palma, wo es wie auf allen Kanareninseln ursprünglich gar keine Kakteen gab, passen sie hervorragend zum Klima. Auf der Westseite der Insel bleibt die Passatwolke – und damit die Feuchtigkeit und die Niederschläge – auf dem Bergrücken der Cumbre hängen, und ab El Paso bis zur Küste ist es trocken und heiß. So, wie es die Kakteen aus Mexiko und die Wolfsmilchgewächse aus Afrika gernhaben.

Als wir an einem 15. November dort zu Besuch sind, fällt der erste Regen seit Monaten, und die Trockenpflanzen beschenken uns mit Blüten, die oft nur einmal im Jahr zu sehen sind. Ein Phänomen, wie man es aus Wüsten kennt.

Im Kakteengarten dürfen die Besucher staunen und fotografieren, Kenner tauschen sich mit den Besitzern über die Pflanzen aus und nehmen eventuell sogar Nachwuchs aus eigener Züchtung mit. Nur anfassen sollte man die Pflanzen besser nicht, was bei den Stacheln und Widerhaken der Kakteen einleuchtet. Die Milch der Wolfsmilchgewächse ist sehr ätzend und sollte auf keinen Fall mit der Haut in Berührung kommen. Also lieber nur gucken und den privaten botanischen Garten einfach mit den Augen genießen.

Adresse Palmex Cactus, Calle Santa Ana, 38759 Tajuya, El Paso, Tel. +34/922/464862 | **ÖPNV** Bus 300 nach Los Llanos, Haltestelle Colegio Tendi | **Anfahrt** LP-3 bis El Paso, dann auf die LP-2, im Ortsteil Dos Pinos rechts der Beschilderung folgend auf die Calle Tamarahoya, links Calle el Juez und wieder links in die Calle Santa Ana | **Öffnungszeiten** Di–Do 10–16 Uhr; Eintritt frei, Spenden werden gerne angenommen | **Tipp** Gleich nebenan finden Sie eines der besten Restaurants auf La Palma, das »Franchipani« (www.franchipani.com). Gehobene spanisch-mediterrane Küche, Reservierung empfohlen.

54 Die Galería Fuente de Caquero

Wo fließt nur all das Wasser hin?

Wanderer stoßen auf ihren Streifzügen durch die Insel häufig auf angelegte Wassergalerien. Die Galería Fuente de Caquero liegt ein Stück abseits auf dem Weg zur Cumbrecita auf einer kleinen Lichtung. Man wagt einen Blick in den zappdusteren Stollenausgang, der sicherheitshalber mit einem Gitter verschlossen wurde, um allzu forsche Abenteurer vor einer Expedition in die mehr als 1.000 Meter langen und einsturzgefährdeten Schächte zu bewahren. 187 Galerien wurden inselweit über Jahrzehnte geschaffen, die meisten davon in der Gemeinde El Paso. Das Galeriewasser wird von einer privatwirtschaftlichen Aktiengesellschaft verwaltet und über ein irrwitziges Netz aus Pipelines und Kanälen in private Bewässerungstanks und Wasserspeicher geleitet. Die meisten der Plantagen- und Fincabesitzer verfügen über eine Wasseraktie und haben so Zugriff auf das stetig zulaufende Wasser, während in den Ortschaften von den Kommunen verteiltes Stadtwasser aus den Hähnen fließt, das je nach Gutdünken der jeweiligen Gemeinde mit einer ordentlichen Gabe Chlor angereichert wird.

La Palma ist die wasserreichste aller Kanareninseln. Die Nadeln der Kiefernbäume, die hohe Berglagen dicht bewachsen, kämmen die aufziehenden Passatwolken aus, kondensiertes Wasser regnet ab. Bergmassive aus porösem Lavagestein filtern nicht nur das Regenwasser, sondern dienen auch als riesiges Wasserreservoir. Trotz all des Wassersegens wurde ein Teil aller Brunnen und Galerien auf der Insel stillgelegt und der Bau neuer nicht mehr genehmigt, denn die jahrhundertealten Wasserdepots wurden ab dem 16. Jahrhundert für den Anbau von Zuckerrohr stark dezimiert. Zahlreiche Quellen sind versiegt. Auch heute fließen stolze 80 Prozent des gesamten Wasserverbrauchs der Insel in die Bananenplantagen, neben dem Tourismus der Hauptwirtschaftszweig La Palmas. Und sehr viel wertvolles Quellwasser sickert leider auch durch defekte Leitungen in die Böden.

Adresse LP-302, Kilometer 3,5, 38758 El Paso | **ÖPNV** Bus 300, Haltestelle Las Piedras | **Anfahrt** LP-2 und LP-3, dann LP-302 | **Tipp** Am Campingplatz »El Riachuelo« an der LP-302 im Nationalpark, wurde vom Technologischen Institut der Kanaren ein natürliches Klärbecken aus Kies und Pflanzen zur Wasserreinigung angelegt, anschaulich auf einer Tafel erklärt. Gleiche Projekte finden sich auf den größeren Nachbarinseln Teneriffa und Gran Canaria.

55 Die Gipfelreiter
Mit den Schwarzröcken auf den Pico Bejenado

Das Besondere am Bejenado ist, dass er ganz allein steht. Er ist zwar auch vulkanischen Ursprungs, aber im Gegensatz zu den anderen Vulkanen ist der Bejenado bis hinauf zur Spitze bewaldet. Mächtige Kiefern stehen hier dicht an dicht. Wenn man den Berg aus der Ferne betrachtet, kann man bei den Silhouetten der Bäume an eine schier endlose Reihe von Indianern denken, die auf ihren Ponys die Bergflanke hinaufreiten, einer hinter dem anderen.

Schon die Auffahrt vom Besucherzentrum des Nationalparks bis zum Startpunkt der Wanderung ist ein echtes Abenteuer. Halten Sie sich links von der Straße, die zur Cumbrecita führt, Richtung Valencia, und folgen Sie ihr, auch wenn sie nach einigen Kilometern nicht mehr asphaltiert und zum Teil sehr steinig und holprig ist. Sie dürfen hier offiziell so weit fahren, bis die Straße nach einigen Kilometern wieder geteert ist. An dem Platz mit den bunten Mülltonnen auf 1.140 Metern Höhe können Sie parken und starten die Wanderung, die jetzt noch weitere 700 Höhenmeter und einige Kilometer in westlicher Richtung bis hinauf zum Pico de Bejenado auf 1.854 Metern führt. Anstelle eines Gipfelkreuzes finden Sie nur ein Schild und einen großen Steinhaufen.

Wir starteten bei Sonnenschein und kamen im dichten Nebel oben an, wo uns drei Raben auf dem letzten Stück lautlos begleiteten und am Gipfel als Wegelagerer mit Argusaugen nach fressbaren Zuwendungen aus unseren Rucksäcken schielten. Noch während der Pause setzte der Regen ein und begleitete uns zurück, tiefe Furchen in die Wege reißend. Rechnen Sie mit dreieinhalb bis vier Stunden reiner Gehzeit für Auf- und Abstieg und genießen Sie den Blick in die Caldera, wenn Sie Glück mit dem Wetter haben. Auch ein kürzerer Aufstieg vom Mirador de la Cumbrecita aus ist möglich. In der Nationalparkverwaltung erfahren Sie, ob es noch freie Parkplätze oben gibt und Sie mit dem Pkw hinauffahren dürfen.

Adresse Pico Bejenado, 38758 El Paso | **ÖPNV** Bus 300 von Santa Cruz, Haltestelle Las Piedras; Auffahrt vom Besucherzentrum mit Taxi | **Anfahrt** P-3 bis zum Besucherzentrum, dann auf die LP-302 und links auf die Calle Valencia; Durchfahrt auch möglich, wenn die Straße zur Cumbrecita geschlossen ist | **Tipp** Im Zentrum von El Paso gibt es zwei schöne kleine Parks zum Flanieren, mit modernen Skulpturen und Sitzbänken zum Verweilen ausgestattet. Einkehren kann man in der Cafetería auf der Plaza.

EL PASO

56 Der heilige Fels Idafe
Damit uns der Himmel nicht auf den Kopf fällt

Eigentlich waren es ja die Gallier, allen voran ihr Chef Majestix, die davor Angst hatten, dass ihnen der Himmel auf den Kopf fallen könnte.

Doch auch auf La Palma herrschte diese Angst laut den Religionsexperten unter den Ureinwohnern der Insel. Sie erkoren deshalb den Roque Idafe, eine über 100 Meter hohe Felsnadel in der Caldera de Taburiente, zum Garanten für das Gleichgewicht zwischen dem Wohnsitz der Götter und dem der Menschen unten auf der Erde.

Auf diesem einen, aus mancher Perspektive ausgesprochen phallisch aussehenden, Fels-Monolithen ruhte also die ganze Last. Fast möchte er einem leidtun. So eine schwere Aufgabe für einen einzelnen Felsen, der ganz allein auf einem Felsrücken zwischen den beiden Flusstälern des Taburiente und des Río Almendro Amargo, des Bittermandel-Flusses, ausgewittert über die Jahrmillionen stehengeblieben ist.

Um den Gott Idafe gnädig zu stimmen, überlegten sich die Aborigines von La Palma, dass sie aktiv etwas tun, ihn bestechen sollten, damit er nicht in einer plötzlichen üblen Laune auf die Idee käme, den Himmel herunterkrachen zu lassen. Also vereinbarten sie, dass sie dem launischen Idafe von jedem Tier, das sie jagten, ein Opfer darbringen wollten. Und weil sie schlau waren, und Fleisch wie Fell selbst gut gebrauchen konnten, man wollte ja schließlich nicht nackt herumlaufen wie die Wilden, beschlossen sie, die Innereien der Jagdbeute abzugeben, die damals sicher nicht so schadstoffbelastet waren wie heute. Und: Es ist bis heute gut gegangen!

Wer heute den langen Wanderweg von Los Brecitos durch die Caldera bis hinunter zum Barranco de las Angustias auf sich nimmt, kommt zwangsläufig am Idafe vorbei. Ihn zu besteigen ist jedoch nur etwas für Spezialisten, zu gefährlich für Wandersleute ohne Seil oder kanarischen Wanderstab, mit dem man Höhendifferenzen springend überwinden kann. Wenn man es kann.

Adresse Barranco de las Angustias, 38750 El Paso | **ÖPNV** Bus 300 bis Busbahnhof Los Llanos, ab hier mit dem Shuttle-Service-Taxi nach Los Brecitos | **Anfahrt** LP-3 bis Los Llanos, dann LP-302 Richtung Carretera Caldera de Taburiente | **Öffnungszeiten** ganzjährig zugänglich außer bei und nach starken Regenfällen | **Tipp** Auf dem Weg durch die Caldera unbedingt den gelb-orangen Bächen in den Barranco Salto del Agua hinein bis zur vielfarbigen Cascada de los Colores folgen. Das Wasser fällt hier über eine Felsstufe, die ein Farbspektrum von Grün über Gelb bis Ocker abbildet. Letzte Rast vor dem langen Marsch ins Tal.

57 Die Jungfrau von Fátima
Umleitung für die Lava

Eigentlich hatte sich Pfarrer Blas Pérez Santos schon damit abgefunden, dass der Lavastrom seine Kirche erfassen und auslöschen würde. Weshalb er seit Tagen dabei war, mit Unterstützung all seiner Schäfchen aus der Gemeinde Las Manchas, die ebenfalls ihre Häuser geräumt und das Vieh in Sicherheit gebracht hatten, alles aus der Kirche zu tragen, was nicht niet- und nagelfest war: Bilder, den Altar, liturgische Gegenstände, die Glocke, das Gestühl. Man entfernte alles Holz, sogar Türen und Fenster brachte man nach Los Llanos. Am 8. Juli 1949 bewegte sich der Lavastrom aus dem Vulkan San Juan direkt auf die Kirche zu, die dem heiligen Nikolaus von Bari gewidmet ist und zu Beginn des 18. Jahrhunderts von einem Spross der vermögenden Familie Massieu gestiftet worden war. Im Angesicht der unausweichlichen glühenden Lavawalze verlor Don Blas nicht seinen Glauben. Er betete zur Heiligen Jungfrau von Fátima, die er besonders verehrte. Sodann verkündete er vor Zeugen, dass er ein Heiligtum zu ihren Ehren errichten werde, sollte der Strom seine Kirche wider Erwarten nicht erreichen und zerstören.

Das Unwahrscheinliche geschah. Der Lavastrom floss nicht mitten durch das Dorf, sondern darum herum. Er ließ 100 Meter zwischen sich und der Kirche sowie den anderen Häusern im Ort und verschonte sie damit auf wundersame Weise.

Trotz der Notzeiten, die auf dieses Naturereignis folgten, drängten Pfarrer und Einwohner von Las Manchas darauf, dass das Heiligtum tatsächlich gebaut wurde. 1951 wurde die zwei Meter hohe Granitstatue in Galicien in der Werkstatt von Raimundo Vázquez Fernández angefertigt, 1952 in Santiago de Compostela geweiht und über Teneriffa nach La Palma verschifft. Dann dauerte es noch einmal einige Jahre, bis der Sockel auf der Lava errichtet wurde. Seit 1960 steht die Muttergottes aus Fátima nun hier und wacht über Dorf und Kirche.

Adresse Santuario de Fátima, Calle Tamanca, 38759 Las Manchas | **ÖPNV** Bus 200, Haltestelle San Nicolás | **Anfahrt** LP-3, dann LP-2 bis zur Kirche, dann in die Calle Tamanca, beschildert | **Öffnungszeiten** ganzjährig geöffnet | **Tipp** Ein schöner Aussichtsplatz ist auch die Herz-Jesu-Miniaturkirche »Monumento al Sagrado Corazón de Jesús« in südlicher Richtung etwas außerhalb von Las Manchas, die 1940 errichtet wurde und den Vulkanausbruch ebenfalls unbeschadet überstanden hat.

58 Die Kraterroute
Sieben auf einen Streich

Obwohl die Vulkanroute *die* Wandertour auf La Palma ist, kann man sie von der Frequentierung her mit keinem einzigen der Münchner Hausberge vergleichen. Es bleibt einsam auf der 18 Kilometer langen Strecke, auf der man mindestens drei Vulkane, deren Krater und dazu einige Berggipfel passiert, zu denen man Abstecher machen kann, wenn man sich nicht ausgelastet fühlt.

Start ist am Refugio El Pilar auf 1.455 Metern. Man marschiert durch Kiefernwald auf dem gut beschilderten Weg am Pico Birigoyo vorbei bis auf circa 1.800 Meter. Mit einigen Ab- und Aufstiegen bewegen wir uns auf dem Kamm der Cumbre, des Höhenzugs, der die Insel von Nord nach Süd durchläuft. Ein Rabenpaar begleitet uns lautlos und hungrig bis zu unserer Mittagsrast zwischen den Vulkanen Hoyo Negro (1.886 Meter) und Duraznero (1.849 Meter). Nüsse mögen sie besonders gerne, aber auch Apfelreste werden in den kräftigen Schnäbeln davongetragen.

Wir passieren mit dem Vulkan Deseada II (1.932 Meter) den höchsten Punkt und laufen über der Passatwolke, unter der die Ostküste verschwunden ist. Im Westen glitzert das Meer, der weiße Leuchtturm »La Bombilla« markiert das Ende der Landzunge, die der Vulkan San Juan 1949 mit Lava aufgeschüttet hat. Bei der nächsten Rast gesellen sich zwei Eidechsen zu uns und schleppen unsere essbaren Reste in ihre Verstecke. Wir laufen durch eine schwarze Mondlandschaft, die vom frischen Grün der Kiefern zum Leben erweckt wird. Der letzte Vulkanausbruch liegt nicht lange zurück (1971), im August 2016 gab es an der Westseite heftige Waldbrände bis zur Cumbre hinauf, doch hier ist definitiv Leben. Zwei Jahre brauchen die alten Kiefern, bis nach einem Brand aus ihrer dicken Rinde wieder neues Grün sprießt.

Bis Fuencaliente (720 Meter) müssen die Gelenke noch über 1.000 Abstiegsmeter bewältigen. Aber dann hat man sich eine erfrischende *caña*, ein kühles Bierchen, redlich verdient.

Adresse Start: Refugio Pilar, 38759 El Paso | **ÖPNV** Bus 200 von Fuencaliente zurück nach San Antonio, wenn Sie Ihr Auto hier stehen lassen (Haltestelle Centro de San Antonio) und mit dem Taxi nach El Pilar hochfahren | **Anfahrt** LP-2 bis San José/Breña Baja, dann LP-301 bis El Pilar | **Öffnungszeiten** ganzjährig | **Tipp** Das Weiterwandern hinunter zum Faro von Fuencaliente ist möglich, der Weg kann auch als separate Tour begangen werden. Circa 2,5 Stunden (einfacher Weg), Rückfahrt ab Faro/Leuchtturm mit dem Bus 203, Achtung, Abfahrt: 15.45 und 17.45 Uhr (letzte).

59 Der Kreislauf des Lebens
Die Felsgravuren von El Verde

Vom Friedhof in El Paso, hinter dem majestätisch der Pico Bejenado aufragt, führt ein kurzer beschilderter Wanderweg hinunter in den Barranco de Tenisque. Die Felsen mit den Gravuren können Sie gar nicht verfehlen. Manchmal werden sie die Felsgravuren von El Verde, manchmal von El Cementerio genannt, es handelt sich aber um ein und denselben Standort.

Die Felsritzungen der indigenen Völker auf den Kanaren weisen zwei fundamentale Probleme auf. Zum einen kann man sie nicht datieren. Wir wissen nicht, wann zwischen 1000 vor Christus und 1500 nach Christus, als die Spanier die Inseln kolonisierten, sie angefertigt wurden, denn die Zeichen wurden in den Fels gemeißelt. Es wurde keine Farbe oder sonstiges Material verwendet, das man untersuchen und zeitlich bestimmen könnte. Zum anderen gibt es keine Anleitung für eine Übersetzung der abstrakten Muster, Spiralen und Mäander in unsere Sprachen. Wir wissen also nicht, was sie für die damaligen Menschen, die auf dem Niveau von Menschen der Jungsteinzeit lebten, bedeutet haben. Wir können nur Vermutungen anstellen und sie mit Zeugnissen aus Marokko und Nordafrika vergleichen, woher die Ureinwohner wahrscheinlich stammten.

Auf La Palma sind am häufigsten Spiralen, Kreise, Halbkreise, konzentrische oder mäanderförmige Motive im Stein zu finden. So auch in El Verde. Der Ort wurde erst 1982 entdeckt und besteht aus 13 Flächen, die mittels Hack- und Abriebtechnik bearbeitet wurden. Man nimmt an, dass es sich um einen heiligen Ort der Benahoaritas, der Ureinwohner, handelt, an den sie sich begaben, um von ihren Göttern Wasser (die Mäander und Spiralmotive) und ausreichend Weidegras für das Vieh zu erbitten. Der Platz im Flussbett der Canales-Schlucht bietet zum einen Wasser, zum anderen lassen sich von hier wie auf einem Podest die Weideflächen rundherum gut überblicken. Vier kleine Höhlen bilden außerdem einen natürlichen Wetterschutz.

Adresse Start: Friedhof am Ende der Calle Juan Pérez Capote 9B, 38750 El Paso | **ÖPNV** Bus 300, Haltestelle Centro Paso | **Anfahrt** LP-3 bis El Paso, die 4. Straße links ist die Calle Juan Pérez Capote, dieser bis zum Ende folgen, am Friedhof parken | **Öffnungszeiten** ganzjährig geöffnet | **Tipp** Etwa 300 Meter weiter – Sie folgen der Schlucht abwärts und biegen an der nächsten Abzweigung nach rechts ab – finden Sie weitere Felsgravuren. Am Standort »La Fajana« gibt es statt Spiralen sonnenartige Ritzungen, die vielleicht auf einen Sonnenkult schließen lassen.

EL PASO

60 Der Lavastrom vom Johannistag
Durch die Mure und in die Höhle des Löwen

Das scharfe Knirschen unter den Schuhsohlen ist das Erste, was auffällt, wenn man die »Coladas de San Juan«, den Lavastrom über Las Manchas, betritt. Der Kontrast zum federnden, mit Piniennadeln bedeckten Waldboden könnte nicht größer sein. Die Lavabrocken haben messerscharfe Kanten. Hier nur nicht stürzen.

An diesem Hang, den man auf einem markierten Wanderweg überquert, kann man viel über Vulkanismus erfahren. Wenn man in der Schule gut aufgepasst hat, weiß man noch, dass die Lavaformationen hawaiianische Namen haben. Die scharfkantigen Brocken heißen »ʼAʼa« – oder einfacher »AA«. Sie haben ihre Form durch heftige Gasexplosionen erhalten und erkalteten am schnellsten an der Oberfläche des Lavaflusses. Auch die kissen-, polster- oder strickförmige Lava, genannt »Pahoehoe«, finden wir hier. Auf ihr kann man bequem und lautlos gehen. Sie bildet häufig unterirdische Tunnel oder Lavaröhren, und sogar eine große Lavahöhle befindet sich am Weg, an deren Decke die Lava zu Stalaktiten erkaltet ist. Eine richtige Wunderwelt, der man hier begegnet.

1949, am Johannistag, dem 24. Juni, hat sich nach langer Ankündigung von Erdstößen hier oben auf circa 1.200 Metern Höhe eine tiefe Erdspalte aufgetan, durch die die glühende Lava ausgetreten ist und sich relativ langsam Richtung Westküste bewegt hat. Menschen kamen nicht zu Schaden, aber die Verwüstung von Land und Weideflächen durch den glühenden Strom und die Brände, die er verursachte, war enorm und weithin sichtbar. Seither ist Ruhe im Karton, doch es wird überall eifrig gemessen, um möglichst genau über die Befindlichkeiten der Vulkane auf der Cumbre Vieja, der Bergkette, zu der auch der San Juan gehört, Bescheid zu wissen.

Sie können die »Coladas de San Juan« entweder von San Nicolás bergauf erwandern oder von den Llanos de Jable bergab gehen.

Adresse Start: Mirador Astronómico del Llano del Jable, 38759 El Paso | **ÖPNV** Bus 200, Haltestelle San Nicolás | **Anfahrt** LP-3, dann LP-301 Richtung Refugio Pilar | **Öffnungszeiten** ganzjährig begehbar | **Tipp** Sie können von den »Coladas de San Juan« weiter hinaufwandern zum »Hoyo de Sima«, einem beeindruckenden, 70 Meter tiefen Loch, das sich durch vulkanische Aktivitäten geöffnet hat. Der Rand ist durch ein Geländer gesichert.

EL PASO

61 Die Pinie und die Jungfrau

Der Methusalem unter den Kiefern

Stellen Sie sich Europa im 13. Jahrhundert vor: In Deutschland kämpfen Welfen und Staufer um das Königtum. Christliche Kreuzfahrer ziehen ins Heilige Land. In Spanien werden die arabischen Besatzer nach Andalusien zurückgedrängt, wo sie bis 1492 bleiben werden. Kolumbus ist noch nicht geboren, und die Altkanarier leben in kleinen Stammesgemeinschaften auf La Palma. In ihrer Provinz »Acero«, dem heutigen El Paso, beginnt eine Kiefer zu wachsen und wächst und wächst – und steht heute noch da. Während ihre Kolleginnen sich mit einer Lebensdauer von 250 bis 300 Jahren zufriedengeben, ist sie mit ihren 800 Jahren ein Methusalem: die älteste Kanarenkiefer, die es gibt. Ihr Stammdurchmesser beträgt 2,40 Meter, ihre Höhe 32 Meter. Die Zipperlein, die die alte Dame plagen, beschäftigen Biologen und Politiker, und es wird daran gearbeitet, sie beim Altern ein wenig zu unterstützen. Auf jeden Fall ist es ein Erlebnis, sie mit eigenen Augen zu sehen und ihren rauen Stamm zu berühren.

Wie so viele Naturwunder auf La Palma kommt auch sie nicht ohne eine Virgen, eine Jungfrau Maria, aus. Vielleicht war das für ihr Überleben bis in unsere Tage sogar der entscheidende Faktor. Denn in Verbindung mit einer Virgen ist die Kiefer natürlich unfällbar. Ob das erste Gnadenbild der Jungfrau Maria nun tatsächlich einem spanischen Konquistador und Mann des Schwertes in den Ästen des Baumes erschienen ist, und wenn ja, was das wohl zu bedeuten hatte, ist in unseren säkularen Zeiten nicht mehr entscheidend. Viel wichtiger ist uns Nachgeborenen heute das Wunder dieses Lebewesens, das ganz ohne Knoblauch und Kefir, nur mit Wasser, Licht, Luft und Erde so alt werden konnte.

Wenn Sie die Kapelle besuchen, beachten Sie bitte das »Überholverbot«. Eine Fehlübersetzung aus dem spanischen »No pasar«, »Kein Durchgang«. Da hat wohl jemand die Verkehrsschilder verwechselt.

Adresse Ermita de la Virgen del Pino, Calle Virgen del Pino s/n, 38758 El Paso | **ÖPNV** Bus 300, Haltestelle Las Piedras, oder Bus 208 von El Paso bis Barrial Alto | **Anfahrt** LP-2, LP-3, dann LP-302 | **Öffnungszeiten** ganzjährig geöffnet | **Tipp** Wenn Sie in El Paso besonders schön essen gehen wollen, dann wählen Sie die »Perla Negra« in der Calle Antonio Pino Pérez 12. Gehobene Cross-over-Küche. Samstag und Sonntag Ruhetag (restaurante-la-perla-negra.com).

62 — Die Spinnerinnen
1.000 Meter in einem Kokon

Seide ist ein edles Naturmaterial, seine Herstellung eine arbeitsintensive Angelegenheit. Die Seidenraupe, der wir diesen Stoff zu verdanken haben, ernährt sich ausschließlich von den Blättern des Maulbeerbaums, der überall auf den Kanarischen Inseln wächst. Die Seidenproduktion wurde schon bald nach der Ankunft der Spanier zu einem wichtigen Wirtschaftsfaktor. Im 18. Jahrhundert gab es allein auf La Palma 3.000 Webstühle. Die Insel produzierte mehr Seide als alle anderen Kanareninseln zusammen. Von den vielen Manufakturen ist eine einzige übrig geblieben. Sie befindet sich in El Paso, wo auch die Maulbeerbäume und die Familienbetriebe, die die Raupen züchten und den Rohstoff herstellen, beheimatet sind.

In der Seidenmanufaktur in El Paso können Sie alle Schritte von der Ernte der Kokons, in die die Raupen sich einspinnen, über die Gewinnung des Seidenfadens, das Zusammenwickeln von mehreren Fäden und das Waschen im Seifenbad bis zum Färben, Aufrollen, Wickeln, Verketten und Weben nachvollziehen. Zunächst in einem Informationsfilm (Ton leider nur auf Spanisch verfügbar) und dann bei einer Führung (auf Deutsch) durch die Manufaktur. Wenn man die vielen Arbeitsschritte und die herrlichen Produkte gesehen hat, versteht man auch, warum ein Schal 210 Euro kostet oder eine echte Seidenkrawatte 150 Euro. Das sind Stücke fürs Leben.

Gefärbt wird die Rohseide ausschließlich mit Naturmaterialien wie Eukalyptus (blaugrau), Baumrinden (grün, gelb), getrockneten Koschenilleläusen (rot), Indigo (blau) und Orchilla, einer kanarischen Flechte (lila, purpur). Während die gesponnene Rohseide sich noch recht hart und widerspenstig anfühlt, bekommt sie nach dem Färben den typisch weichen, glatten Touch. Trotz stolzer Preise sind die Auftragsbücher der Manufaktur voll, und man muss bei Bestellungen in der letzten verbliebenen Seidenspinnerei der Kanaren einige Wartezeit in Kauf nehmen.

Adresse Museo de la Seda Las Hilanderas, Calle Manuel Taño 4, 38750 El Paso, www.museodelaseda.com | **ÖPNV** Bus 300, Haltestelle Centro Paso A | **Anfahrt** LP-3 bis El Paso, rechts in die Avenida Islas Canarias, dann 2. Straße rechts, neben der Post | **Öffnungszeiten** Mo–Fr 10–14 Uhr | **Tipp** Noch mehr feines Garn aus Leinen, Seide, Hanf, Bio-Baumwolle oder Merinowolle, verarbeitet zu individueller und hochwertiger Mode, gibt es in der Boutique Nueva Vida in der Altstadt von Los Llanos, Calle Calvo Sotelo 4 (lapalma-mode.com).

63 Der Wolkenwasserfall
Wenn der Nebelvorhang fällt

La Palma ist 27 Kilometer breit und 45 Kilometer lang. Eine kleine Insel. In Nord-Süd-Richtung teilt sie ein Bergkamm aus erloschenen Vulkanen in zwei verschiedene Klimazonen. Die »Cumbre Nueva« erreicht in dieser Kette mit etwa 1.450 Metern die geringste Höhe. Mit Hilfe von zwei Tunnels durchquert man sie auf dem Weg von Santa Cruz hinüber ins Aridanetal im Westen. Ist auf der Ostseite der Himmel bedeckt und wird der Nebel zur Cumbre hinauf immer dichter, so fährt man sehr oft aus dem alten Tunnel hinaus in die pralle Sonne. Der Himmel strahlt blau und wolkenlos, so wie man sich das im Urlaub wünscht.

Möglich macht das ein besonderes Wetterphänomen: die Passatwolke. Sie lädt sich im Osten mit Feuchtigkeit auf, zieht hinauf auf die Cumbre Nueva, kriecht wie ein überlaufendes Schaumbad über den zehn Kilometer langen Rücken, verwandelt die hoch gelegenen Pinienwälder im Parque Natural de las Nieves in einen kühlen Regenwald und löst sich nach der Wetterscheide in Wohlgefallen auf. Höchstens ein feiner Sprühregen ist davon noch zu spüren. Schon in El Paso ist alles staubtrocken.

Von der Cumbrecita hat man einen besonders guten Blick auf den gigantischen Nikolausbart, der von Osten herüberquillt. Auch von der Kette der 2000er am Calderarand oder der Cumbre Vieja aus. Die ganze Ostseite der Insel verschwindet darunter, manchmal auch der Ozean und die Nachbarinsel Teneriffa. Nur der Teide ragt dann aus dem Wolkenmeer empor.

Ein schlechtes Zeichen ist die Passatwolke nicht, denn sie steht für eine stabile, berechenbare Wetterlage und regelt den Wasserhaushalt der Insel. Mit ihren langen Nadeln »kämmen« die Kiefern die Passatwolke und produzieren so zwei- bis dreimal mehr Wasser, als in Form von Niederschlägen fällt. Was die Vegetation nicht braucht, dringt in das Lavagestein ein und fließt in Höhlen, den natürlichen Wasserspeichern der Insel, zusammen.

Adresse Carretera de la Cumbre, 38758 El Paso | **ÖPNV** Bus 300 von Santa Cruz bis zur Abzweigung zum Refugio Pilar | **Anfahrt** LP-3, LP-301 | **Tipp** Von der Wallfahrtskirche Virgen del Pino in El Paso führt ein alter, befestigter Wanderweg, der »Camino Real«, hinauf zum Reventón-Pass auf der Cumbre Nueva. Von dort kann man dem Weitwanderweg GR131 nach Süden bis zum Refugio El Pilar folgen oder den Königsweg wieder absteigen.

64 Die Zona de Acampada
Eine besondere Nacht unter Sternen

Wem beim Wort Camping sofort Bilder von vollgepackten Autos, einer Gaststätte am See mit Biergarten und gepflegten sanitären Anlagen vor dem geistigen Auge erscheinen, der sollte schnell weiterblättern. In der Caldera de Taburiente zu zelten ist etwas für Outdoor-Liebhaber, die gerne ein paar kleine Strapazen auf sich nehmen und Freude an einer logistischen Herausforderung haben. Denn Proviant, Ausrüstung, Kleidung, das alles muss klug in Rucksäcke verstaut und mitgetragen werden.

Am schönsten ist es, das Abenteuer von oben zu beginnen und den Park quasi einmal zu durchwandern. Das Auto kann man am Parkplatz des Barranco de las Angustias stehen lassen, Sammeltaxis fahren ab den Morgenstunden zum Ausgangspunkt, Los Brecitos, hinauf. Von hier aus lässt es sich ohne größere Anstrengungen im Halbschatten der Pinienwälder leicht bergab Richtung Zeltplatz wandern. Nach guten zwei Stunden, wenn das erste Rauschen des Flusses zu hören ist, hat man das Ziel erreicht. Nachdem eine schöne Stelle auf dem weitläufigen Gelände gewählt und das Lager aufgeschlagen ist, gibt es nichts weiter zu tun, als auf Piniennadel-Betten zu faulenzen, in sehr kühlem, klarem Wasser zu baden, die Welt flussabwärts zu erkunden und sich zu wundern, dass es nach jeder Biegung noch ein bisschen schöner wird. Nachts, eingemummelt in warme Kleidung und einen dicken Schlafsack, kann man den funkelnden Sternenhimmel betrachten und Ausschau nach Sternschnuppen halten. Hier wird der Mensch glücklich und kommt zur Ruhe.

Wer sich auf den langen Weg zum Ausgangspunkt begibt, bekommt Filmkulissen präsentiert, wandert am Roque Idafe, dem heiligen Fels der Ureinwohner, vorbei, darf an Wasserfällen rasten, das Flussbett springend überqueren und seinem Lauf folgen, bis er versiegt und der Barranco de las Angustias wieder erreicht ist. Die Füße schmerzen schon etwas und sind müde, aber die Tour ist die Mühe wert.

Adresse Cumbrecita, Carretera Caldera Taburiente, 38750 El Paso; die Übernachtungen müssen bei der Parkverwaltung vorher online reserviert werden: www.reservasparquesnacionales.es, Reservierungsbestätigung sowie Ausweise bei dem zuständigen Mitarbeiter am Zeltplatz vorzeigen; Preis für Taxi / Person 7 – 10 Euro | **ÖPNV** Bus 300 bis Busbahnhof Los Llanos, ab hier mit dem Shuttle-Service-Taxi nach Los Brecitos | **Anfahrt** LP-3 bis Los Llanos, dann LP-302 Richtung Carretera Caldera de Taburiente | **Öffnungszeiten** ganzjährig zugänglich außer bei und nach starken Regenfällen | **Tipp** Auf ein kühles Bierchen in die Gaststätte »Balcón de Taburiente« einzukehren ist nach der Wanderung fast schon Pflicht. Von der großen Terrasse aus lässt sich die Aussicht auf den Nationalpark noch einmal genießen.

65 Die zweite Inseletage
Auf der kleinen Cumbre

Die Cumbrecita, wörtlich: »Gipfelchen«, ist gar kein Gipfel, sondern ein leicht erreichbarer Aussichtspunkt, der auf einer einfachen, kurzen Wanderung sehr schöne Ausblicke in die Caldera de Taburiente bietet. Man kann mit dem Auto bis auf 1.300 Meter hochfahren, dort parken und dann die eineinhalbstündige Rundwanderung praktisch ohne Steigungen starten. Man sollte nur die Kernzeiten zwischen elf und 14 Uhr meiden und die Tage, an denen Kreuzfahrtschiffe in Santa Cruz anlanden, deren Passagiere dann im voll klimatisierten Bus in den Nationalpark und auf die Cumbrecita kutschiert werden. Da es dort aber nur zwei Bus- und 32 Pkw-Parkplätze gibt, kann es in Stoßzeiten eng werden. Dann sperrt die Nationalparkbehörde die Zufahrt vorübergehend.

Man kann im Infocenter des Nationalparks nachfragen, wann die Sperre aufgehoben wird, kann einen Parkplatz vorreservieren, auch online, oder sich mit dem Taxi hinaufbringen lassen. Es gibt auch einen Wanderweg, der an der Kapelle Virgen del Pino startet und auf dem man in drei Stunden die circa 600 Höhenmeter bis zur Cumbrecita bewältigt.

Morgens oder am späteren Nachmittag reichen die Parkmöglichkeiten meist. Man wandert zuerst durch lichten Kiefernwald zum Mirador de los Roques, von wo man in die Caldera hinein- und hinauf auf die 2000er am Calderarand sieht. Auf über 1.000 Metern ist es längst nicht mehr so heiß wie unten im Tal oder an der Küste. Der von braunen Kiefernnadeln übersäte Waldboden ist staubtrocken. Jedes Hantieren mit Feuer kann schlimme Folgen haben und ist deshalb untersagt.

Weiter geht es im Zickzack einen Hang absteigend zum Mirador Lomo de las Chozas, wo man wieder in den Vulkankessel blickt, der einen Durchmesser von neun Metern hat und sich nach Westen über den Barranco de las Angustias zum Meer hin öffnet. Nach einem weiteren Kilometer gelangt man zurück zum Parkplatz.

Adresse Carretera Caldera Taburiente, 38758 El Paso | **ÖPNV** Bus 300, Haltestelle Las Piedras; Auffahrt vom Besucherzentrum mit Taxi | **Anfahrt** LP-3 bis zum Besucherzentrum der Caldera de Taburiente, dann rechts auf die LP-302 und rechts auf die Carretera Caldera Taburiente | **Öffnungszeiten** ganzjährig | **Tipp** Das Restaurant »Las Piedras de Taburiente« gleich gegenüber dem Besucherzentrum wurde von Luis Morera, dem bekanntesten Künstler La Palmas, mitgestaltet (Carretera General 56, 38750 El Paso).

66 Die Quesería Las Cuevas
Somewhere in New Mexico

Wer sein Auftragsbüchlein voll hat und mit der Produktion im Rückstand ist, kann behaupten, dass das Geschäft läuft. Der Hof der Käserei »Las Cuevas« liegt spektakulär an der Küste, wobei »Hof« nicht recht passen mag. Eine staubige Piste führt durch rötlich gefärbte, karge Felslandschaften zur Anlage. Hundegebell, Ziegengemecker und Schafgeblöke von über 1.000 Tieren hallen von Weitem durch die Schlucht herauf. Das ist eine Ranch wie in der Wildnis Amerikas – und nach harter Aufbauphase sehr erfolgreich.

Der Tag beginnt für Félix Rodríguez, seine Familie und die Mitarbeiter um sechs Uhr morgens. 20 Tiere nehmen gleichzeitig ihre Plätze an der voll automatisierten Melkanlage ein und kauen einstweilen geschroteten Mais, Luzerne oder anderes selbst angebautes Kraftfutter. Nach einer halben Stunde sind die schweren Euter geleert. Zwischen dreieinhalb und vier Liter Milch hat eine Ziege im Durchschnitt gegeben und darf sich jetzt wieder zu ihrer Herde gesellen. 1.000 bis 1.600 Liter täglich werden in der Käserei gewonnen. Die Milch wird weder pasteurisiert noch ultrahocherhitzt, sondern im rohen Zustand zu geschmackvollem Käse verarbeitet. In der Rohmilch bleiben alle wichtigen Nährstoffe erhalten. Keime können von den erfahrenen Käserinnen schnell identifiziert werden. In runden weißen Formen stockt die mit Lab angereicherte Milch. »Cuajo« heißt dieses Stadium im Spanischen. Alle fertigen Laibe werden über einem Feuer aus Mandelschalen und Kakteenblättern geräuchert, nur der Schafsmilchkäse schmeckt ohne Räucherung besser.

Je nach Reifezeit verlassen vier verschiedene Käsesorten den Betrieb in Puntagorda: weicher Frischkäse und milder »Queso Tierno«, der nur wenige Tage jung ist, halbreifer »Semicurado« und würziger, sehr fester »Curado«. Alles in bester Handarbeit und hoher Qualität hergestellt und bei internationalen Wettbewerben ausgezeichnet.

Adresse El Pinar s/n, 38789 Puntagorda, Tel. +34/626/289321, www.quesopalmero.es | **ÖPNV** Bus 100, Haltestelle Instituto | **Anfahrt** LP-1 bis Zentrum Puntagorda, dann Camino del Pinto, Camino Matos folgen bis zum Ende | **Öffnungszeiten** zu den Betriebszeiten | **Tipp** Über die Gemeindegrenzen hinweg ist der Bauernmarkt von Puntagorda, »Mercadillo del Agricultor«, bekannt. Regionale Produkte, auch in Bioqualität, jeweils samstags 15–19 Uhr und sonntags 11–15 Uhr.

PUNTAGORDA

67 San Mauro

Aus der Serie »Lost Places«

Puntagorda selbst ist schon ein bisschen abgeschieden. Noch abgelegener wird es, wenn man dem Kalvarienweg hinab Richtung Steilküste folgt. Hier gibt es einen Friedhof, ein großes Wassersammelbecken, einen Hubschrauberlandeplatz für die Feuerbrigaden und ein wundersames Ensemble von Kirche und Pfarrhaus, beide aufgegeben und verlassen.

Ein Ort wie aus der Zeit gefallen. Die typisch palmerische einschiffige Ermita mit dem Holzbalkon über dem Eingang und den Glockenbögen darüber, eine der allerersten Kirchen auf der Insel, ist dem heiligen Mauro Abad geweiht. Oder dem heiligen Amaro, da widersprechen sich die frühen Quellen.

Trotz ihrer Schlichtheit hat die Kirche sehr wertvolle Votivgaben erhalten, insbesondere von den in Amerika reich gewordenen Auswanderern, aber im Laufe ihrer Geschichte auch wieder verloren. Sie erlebte Brände und natürlichen Verfall, wurde vor nicht langer Zeit noch einmal restauriert, um dann doch zugunsten einer neuen Kirche, die näher am Ortskern liegt, geschlossen zu werden. Nur einmal im Jahr wird der kleinen Holzstatue des San Mauro mit seinem silbernen Abtstab und der Mitra ein Mantel umgehängt – denn die Statue ist hinten offen, also hohl –, und man trägt sie auf der »Romería«, der Wallfahrt im August, mit Musik und Tanz und Speis und Trank in ihre angestammte Behausung zurück.

Doch gerade ohne den Rummel übt dieser Platz einen starken Zauber aus: das weiße Kirchlein, gesäumt von Pfefferbäumen, einer großen Pinie und mächtigen Eukalyptusbäumen, und gegenüber, am anderen Ende des Platzes, das alte Pfarrhaus, das nach dem letzten Brand, bei dem das gesamte Kirchenarchiv in Flammen aufging, nicht wieder restauriert, aber auch nie abgerissen wurde. Eine Ruine, von Palmen umgeben, die früher als Getreidespeicher und als Gefängnis diente und im 18. Jahrhundert Sitz der unheiligen Inquisition war. Danach nur noch Verfall und Vergessen.

Adresse Iglesia de San Mauro, Camino del Calvario 40, 38789 Puntagorda | **ÖPNV** Bus 100 ab Los Llanos, Haltestelle Ayuntamiento | **Anfahrt** LP-1 bis Zentrum Puntagorda, dann Camino del Calvario | **Tipp** Vom Mirador de Miraflores aus hat man einen Überblick über die Gemeinde Puntagorda. Besonders im Januar und Februar, wenn die Mandelbäume blühen, macht der Name (Miraflores – Blumenausguck) dem Ort alle Ehre.

PUNTALLANA

68 Die Casa Luján
Volkskunde mit einer Prise Humor

Die »Casa de Luján« ist Teil eines sehr gut erhaltenen historischen Ensembles unterhalb des modernen Ortskerns. Ein Besichtigungs-Rundweg ist auf Tafeln ausgewiesen, allerdings nicht ganz leicht zu finden. Die Casa selbst ist ein typisch palmerisches Haus des 17. Jahrhunderts: ein Grundriss in L-Form, zweistöckig, mit gepflastertem Innenhof. Das ganze Anwesen ist ummauert wie eine kleine Burg. Das Erdgeschoss war für das Vieh, die Geräte und das Gesinde vorgesehen, unter dem Dach wurde das Getreide getrocknet. Im ersten Stock, der über zwei Außentreppen und eine Galerie erreichbar ist, lebten die ursprünglichen Hausbesitzer, die Familie Luján. Im Museum sind die einzelnen Räume einfach ausgestattet nachgebildet: In der Küche sitzen die Bediensteten, im Esszimmer eine Familie mit zwei Kindern und einer Dienerin. Im Schlafzimmer grüßt fröhlich ein Paar aus dem Ehebett. Es folgen der Teesalon mit fußbetriebener Singer-Nähmaschine und ein Büroraum, in dem der Herr des Hauses Geschäftspartner empfängt. Die lebensgroßen, plumpen Puppen, mit denen die Alltagsszenen nachgestellt sind, heißen »Mayos« und werden zu den Kreuzesfeierlichkeiten am 3. Mai in Umzügen durch die Straßen getragen. Sie stellen die aktuelle Lokalpolitik karikierende Szenen dar, wie im Karneval am Rhein.

Nach dem Auszug der Lujáns wurde das Haus als Gerichtsgebäude, als Posten der Guardia Civil, als Gemeindeverwaltung und Schule genutzt. Bis zu zehn Kinder drückten hier die Schulbank, und einige von ihnen sitzen immer noch als Puppen da. Ein Backofen gehört ebenso zum Anwesen wie im Eingangsbereich ein poröser Lavastein, durch den Wasser gefiltert und gekühlt wurde. Wenn Carlitos, der gute Geist des Hauses, Zeit hat, erklärt er den Besuchern, was es alles zu sehen gibt. Der Eintritt ist frei, man gibt »a la voluntad«, was man als Beitrag zum Erhalt des Gebäudes für angemessen hält.

Adresse Calle Procesiones 2, 38715 Puntallana | **ÖPNV** Bus 100 Richtung Barlovento bis Puntallana | **Anfahrt** LP-1 bis Puntallana, dann LP-102 | **Öffnungszeiten** Mo–Fr 10–13 und 16–19 Uhr, Sa nur vormittags | **Tipp** Die Kirche San Juan Bautista in Puntallana stammt aus dem 16. Jahrhundert und ist in Kreuzform angelegt. Neben dem barocken Goldaltar birgt sie wertvolle Skulpturen, die aus Valencia importiert wurden, unter anderem einen reitenden heiligen Santiago.

69 Die Casona Juan de Lugo
Glanz und Gloria der Konquistadoren

Bevor der Eroberer La Palmas im Auftrag der kastilischen Krone, Alonso Fernández de Lugo, 1525 starb, erkor er seinen Neffen Juan de Lugo zum Nachfolger und Gouverneur der Insel. Der Andalusier hatte alles auf eine Karte gesetzt und seine Besitztümer auf dem Festland verkauft, um Schiffsreisen auf die Kanaren auszurüsten, die Inseln zu erobern, die Guanchen zu besiegen, sich Land, Macht und politische Ämter zu sichern und an seine Erben weiterzugeben. Die Krieger der Ureinwohner, die er in mehreren Schlachten besiegte, verkaufte er gewinnbringend auf dem Festland als Sklaven. Er baute Zuckerrohr an und lieferte seine Erträge nach Spanien. Er war ein unternehmerisch und machtstrategisch denkender Haudrauf wie so viele seiner Konquistadoren-Kollegen in Afrika, auf den Kanaren und in Mittel- und Südamerika.

So weit, so gut. Der Neffe sollte also den Familienbesitz auf La Palma nach seinem Tod zusammenhalten. Dazu ließ ihm Alonso, der Onkel, ein stattliches Anwesen in Form einer nach vier Seiten hin geschlossenen Anlage um einen rechteckigen Innenhof bauen, mit den typisch kanarischen verglasten Balkonen. Warum aber nicht in der Hauptstadt? Warum hier? Wer das Haus Juan de Lugos heute erkunden will, wird es nicht auf Karten eingezeichnet finden. Es hat auch allen Glanz aus früheren Zeiten eingebüßt, aber es steht noch. Man folge der Beschilderung zur »Ermita de Santa Lucía« und erklimme den Hügel auf einer staubigen Straße, und dort, hinter einem herrschaftlichen, wappenverzierten Portal, erhascht man einen Blick auf den ummauerten Aufgang zu dem ehemaligen Herrschaftshaus, dessen Glasbalkone allesamt zerbrochen sind. Die drei wichtigsten Gründe für ein Haus an dieser Stelle: Wasser, das durch den Barranco del Agua aus den Bergen kommt, ein Gotteshaus und der weite Blick auf den Atlantik. Doch nichts hält ewig, nicht einmal das Haus eines Mächtigen.

Adresse Calle las Palmas 8–20, 38715 Puntallana | **ÖPNV** Bus 100 Richtung Barlovento bis Santa Lucía | **Anfahrt** LP-1 bis Santa Lucía, dann Calle Calvario und Calle las Palmas | **Öffnungszeiten** nur von außen zu besichtigen | **Tipp** Von Santa Lucía ist es nicht weit bis zu den Lorbeer-Urwäldern von Cubo de la Galga. Diverse beschilderte Wanderwege führen durch die typische, von Baumheide und Gagelstrauch geprägte Fayal-Brezal-Vegetation La Palmas.

PUNTALLANA

70 Die Fuente de San Juan
Quelle des Friedens

Dieser Ort, an dem eine kräftige Quelle aus den Felshängen eines Barrancos quillt, wurde »Rincón de la Paz« getauft, »Friedenswinkel«, und das trifft die Stimmung sehr gut. Man nähert sich der Quelle über eine steingepflasterte Gasse. Es duftet nach weißen Rosen, die hier entlang des Wegs gepflanzt sind. Auf den Stromleitungen über dem Barranco gurren Tauben und flattern auf, wenn sie gestört werden. Sie kommen zum Trinken an die drei runden Becken, die von der Quelle gespeist und von Wasserpflanzen und Goldfischen bewohnt werden. Das Quellbecken selbst ist eingefasst und mit einem Eisengitter geschützt. Gekalkte Sitzbänke laden zum Verweilen ein, während das leise Tröpfeln des Quellwassers süßer klingt als Meditationsmusik. In den Gärten am Grund des Barrancos wachsen Avocado- und Mangobäume, eine Höhle wird als Felsenkeller genutzt. Hier kann man es windgeschützt und im Schatten sitzend gut aushalten.

Das kleine Puntallana war der dritte Ort, der nach Santa Cruz und San Andrés von den spanischen Kolonisatoren besiedelt wurde. Und das hatte vor allem mit der Quelle zu tun. Wasser und ein für die Landwirtschaft geeigneter Boden waren die wichtigsten Gründe für die Ansiedlung, die ursprünglich »Tenagua«, »Führt Wasser«, genannt wurde. Hierher kamen die Bewohner bis ins 20. Jahrhundert mit Tonkrügen und anderen Gefäßen zum Wasserholen. Sie wurde Johannes dem Täufer geweiht, dem Schutzpatron von Puntallana. Am 24. Juni wird er höchstselbst von seinem Wohnort in der Kirche San Juan Bautista auf der Calle Procesiones hinunter zur Quelle getragen, um ihm Dank zu sagen für das gesunde, erfrischende Wasser, das sie den Menschen schenkt. Der Heilige ist 1,30 Meter groß und wurde 1904 von Valencia nach La Palma verschifft. Aus alten Quellen wissen wir, dass er 425 Peseten gekostet hat, dazu noch 15 Peseten für den Heiligenschein und 14 für die Verpackung.

Adresse Calle Procesiones 10, 38715 Puntallana | **ÖPNV** Bus 100 Richtung Barlovento bis Puntallana | **Anfahrt** LP-1 bis Puntallana, dann LP-102 | **Öffnungszeiten** ganzjährig geöffnet | **Tipp** Als weiteres Wasser-Ensemble können Sie zu Fuß die ehemaligen Waschplätze des Dorfes, die »Fuentiña«, besichtigen. Ein herrschaftlich wirkender, von Balustraden gesäumter Weg führt hinunter zur Quelle und den Waschstellen.

PUNTALLANA

71 Die Playa de Nogales
Wildes Glück am Strand

Die Playa de Nogales bildet wie ein Mikrokosmos ganz vieles ab, was La Palma, die »Isla Bonita«, im Großen ausmacht. Hier gibt es Berge, eine Höhle, eine steile Schlucht, einen Wasserfall, einen schwarzen Strand, grüne Vegetation und natürlich den blauen Ozean. Es ist ein wildes Stück Natur, das den Besucher hier erwartet. Außerdem ein Paradies für Surfer, Bodyboarder, Nudisten und einer der wenigen Strände, an denen auch Hunde erlaubt sind. Der Strand wird im Sommer, wenn er bewacht ist, in die verschiedenen Bereiche eingeteilt. Jeder »User« bekommt seinen eigenen Abschnitt.

Der Vormittag ist die beste Zeit für die Playa de Nogales, denn die Sonne verschwindet bereits am frühen Nachmittag hinter der 200 Meter hohen Felswand, die den Strand zur Landseite hin abriegelt. Die Brandung ist oft sehr heftig und wirklich wunderschön anzuschauen, aber zum Schwimmen zu gefährlich. Warnschilder oben am Parkplatz weisen auf die Gefahren durch hohen Wellengang und starke Strömungen hin und verraten auch gleich die Rufnummer für den Notfall. Schwimmen Sie also nur bei wirklich ruhiger See und wenn ein »Socorrista« den Strand bewacht.

Trotzdem sind die Playa de Nogales und der gut gesicherte Abstiegsweg ein absolutes Highlight für alle Inselbesucher. Auf halbem Weg kommt man an einer Höhle vorbei, in der man das Auf und Ab der Brandung sehen und vor allem hören kann und die den Namen »Cueva del Infierno« trägt. Hier gibt es allerdings keinen Eingang zur Hölle, sondern eine Verbindung zum Meer.

Gelegentlich nutzen Brautpaare den feinen schwarzen Sand und die Abgeschiedenheit der Playa de Nogales für ein Fotoshooting wie auf dem Bild zu sehen. Es gehört sich, dem Brautpaar *amor, salud y felicidad para siempre* zu wünschen. Liebe, Gesundheit und Glück für immer. Und dazu ebenso viel Leidenschaft und Beharrlichkeit, mit welcher der Atlantik hier seine mächtigen Wellen an den Strand wirft.

Adresse 38714 Puntallana | **ÖPNV** Bus 100 Richtung Barlovento bis Puntallana | **Anfahrt** LP-1 bis Puntallana, dann am Kreisverkehr rechts ab zur Playa de Nogales, beschildert | **Tipp** Wer im Nordosten geschützt baden möchte oder mit Kindern unterwegs ist, fährt weiter hinauf nach San Andrés und schwimmt in den vom Meer abgetrennten Becken des Charco Azul. Mit Duschen, Toiletten und einem kleinen Kiosk ausgestattet, freier Eintritt mit Parkplatz.

72 El Salto del Enamorado
Wer einmal über den Abgrund springt …

… kommt nicht unbedingt heil unten an. Wenn es sich dabei um einen *enamorado*, also einen Verliebten, handelt, dann kann die Geschichte so richtig tragisch werden. Im Nordosten der Insel La Palma wurde dem »Salto canario«, einer althergebrachten Fortbewegungsart der kanarischen Hirten, die sich in gebirgigen Höhen und Schluchten mit Hilfe eines langen Stabes springend fortbewegten, ein Denkmal gesetzt. Und zwar auf einem wunderschön angelegten Mirador mit Blick aufs Meer und die Bananenterrassen, die sich bis an die raue Küste ziehen.

Zu dem Verliebten, der hier zum Sprung ansetzt, gibt es eine Legende. Einst verliebte sich ein Schäfer aus La Galga bei Puntallana in ein Mädchen, das nichts von ihm wissen wollte. Je gleichgültiger sie sich ihm gegenüber verhielt, desto stärker wuchs seine Liebe zu ihr. Um ihn endgültig loszuwerden, dachte sie sich eine teuflische Mutprobe aus. Wenn er dreimal auf seinem Stab über einen tiefen, tiefen Abgrund springen würde, dann wollte sie ihn endlich erhören. Der Schäfer willigte ein.

Bevor er den ersten Sprung wagte, begab er sich in Gottes Hand: »*En el nombre de Dios*« – »Im Namen Gottes«, rief er und sprang. Der Sprung gelang. Den zweiten Sprung widmete er der Muttergottes: »*En el nombre de la Virgen.*« Und wieder erreichte er festen Boden unter den Füßen. Mit dem dritten Sprung gab er sich in die Hände seiner Angebeteten: »*En el nombre de mi dama*«, rief er – wie Don Quijote, der Ritter von der traurigen Gestalt – und sprang noch einmal. Doch in seinem Fall waren nicht aller guten Dinge drei. Er hatte den Bogen überspannt. Sein Stab trug ihn nicht mehr, und er stürzte in die Tiefe und kam nicht mehr zurück.

Man muss die Geschichte kennen, um Mitgefühl für diesen Hirten zu empfinden, der sein Leben für eine Person aufs Spiel setzte, die es nicht wert war. Zum Glück geht nicht jede unglückliche Liebe dermaßen schlecht aus.

Adresse Mirador de San Bártolo, Calle San Bartolomé 22, 38714 San Bartolomé, Puntallana | **ÖPNV** Bus 100 Richtung Barlovento, Haltestelle La Galga – San Bartolo | **Anfahrt** LP-1 Richtung Barlovento, nach Puntallana rechts in die Calle San Bartolomé abbiegen, an der kleinen Kirche vorbei und der Straße folgen bis zum höchsten Punkt, der auch Mirador de la Montaña heißt | **Öffnungszeiten** ganzjährig | **Tipp** Die Ermita de San Bartolo ist dem heiligen Bartholomäus geweiht. Am 24. August, seinem Namenstag, wird der Heilige auf einer Prozession durchs Dorf getragen. Die Feierlichkeit wird auch »Fiesta de los Hombres« genannt, weil sich vor allem die Männer im Dorf um die Ausrichtung des Festtages kümmern.

SAN ANDRÉS Y SAUCES

73 Der La-Palma-Rum
Kaffeefahrt mit Rum-Genippe

Die beste Zeit für einen Besuch der Rumdestillerie in San Andrés ist im April und Mai zur Zeit der Ernte des Zuckerrohrs und seiner Metamorphose vom dicken grün-lila Stängel zum Rum. Interessierte dürfen dann, mit etwas Sicherheitsabstand, den Arbeitern an der riesigen Presse zusehen und die Weiterverarbeitung des gewonnenen *Guarapo* (Zuckerrohrsaft) in den Fermentierbecken und dem Destillierkolben begleiten. Nach dieser geschäftigen Phase wird es wieder ruhig in der gut 70 Jahre alten Fabrikhalle, die 2015 zu einem Informationszentrum umgewandelt wurde. Zwar spucken zwischen Oktober und Mai Busse fast täglich Hunderte Tagesausflügler vor der Destillerie aus. Deren magischer Anziehungspunkt ist jedoch meist der angeschlossene Spirituosenshop mit kostenloser Rumverkostung, so hat man das Gelände auf einem Rundgang oft für sich allein.

Die Geschichte der Destillerie beruht auf einem verwobenen Geflecht einflussreicher Familien, anschaulich, wenn auch abenteuerlich übersetzt, auf Tafeln beschrieben. Protagonist war Don Manuel Quevedo Alemán, angesehener Zuckerbaron und Rum-Meister. 1936 gründete er auf Gran Canaria die »Destilerías Aldea« und etwas später die Destillerie an der Steilküste von Los Sauces. Das Zuckerrohr zur Rumherstellung wächst auf familieneigenen Plantagen in Barlovento, auch die Ernte anderer Bauern wird verarbeitet. Der extrem süße Saft destilliert dann über loderndem Feuer, streng temperaturkontrolliert, in einem Kupferkolben, bis er schließlich als weißer oder brauner Rum, je nach Art der Zuckerrohrpflanze, abgefüllt wird. Manch edler Tropfen ruht noch viele Jahre in amerikanischen oder französischen Eichenfässern weiter und trägt schließlich den Titel »Single Cane« oder »Maestro«. Lieblingsmitbringsel und Gewinner des internationalen Spirituosen-Wettbewerbs 2015 sind aber der weiße Rum und der Rum-Likör mit sanfter Karamellnote.

Adresse Destilerías Aldea, Calle El Melonar 83, 38720 San Andrés y Sauces, Tel. +34/922/450568 | **ÖPNV** Bus 104, Haltestelle Puerto Espíndola | **Anfahrt** LP-1 und LP-1402 Richtung Charco Azul | **Öffnungszeiten** Mo–Fr 9–14 und 15–18 Uhr, Sa, So 10–14 und 15–18 Uhr | **Tipp** Gleich unterhalb der Destillerie liegt der kleine Hafen Puerto Espíndola, der einen beliebten und gut geschützten Badestrand hat. Richtig schön urig sitzt man auf dem Balkon des Restaurants »Mesón del Mar« und genießt am besten den gegrillten Fisch des Tages, *Pescado a la plancha*.

74 Das Monumento al Infinito

Ein Obelisk für die Ewigkeit

César Manrique, der Künstler, der seine Heimatinsel Lanzarote mit seiner Arbeit und seinen zahlreichen Werken prägte, hat ein einziges Kunstwerk auf La Palma hinterlassen, bevor er 1992 starb. Es steht auf 2.200 Metern Höhe nicht weit unterhalb des Gipfels des Roque de los Muchachos mit seinen internationalen Teleskopen. Doch anders als der Roque und die Observatorien ist das »Monument an die Unendlichkeit« auch 30 Jahre nach seiner Schöpfung kein Touristenmagnet geworden. Kein ausgewiesener Parkplatz, kein beschilderter Aussichtspunkt. Die Steine des Pflasters, auf dem man zur großen Stahlskulptur hinaufsteigt, haben sich durch Wind und Wetter aus dem Weg herausgelöst und machen das Gehen mühsam. Der Vorteil des Ganzen: Man kann die Aussicht dort oben oft ganz allein genießen, Fotoshootings veranstalten oder gar ein Zelt und Stativ aufstellen und den nächtlichen Sternenhimmel beobachten. Neben der Skulptur befindet sich praktischerweise ein »Mirador astronómico«, ein Sternen-Beobachtungsplatz mit Erklärungen zu den Sternbildern, die man von diesem Punkt aus sehen kann.

So war es wahrscheinlich nicht gedacht, als Manrique den Auftrag zu dieser Skulptur erhielt, die 1985 nur 2,5 Millionen Peseten – umgerechnet circa 15.000 Euro – kostete. Fürs Vergessen hat der Künstler das Werk nicht geschaffen, sondern, im Gegenteil, für die Ewigkeit. Sein Wert dürfte sich nach dem Ableben des Künstlers vervielfacht haben, sodass es für die Gemeinde San Andrés y Sauces ein Ansporn sein müsste, sich um den Erhalt zu kümmern und das Werk Einheimischen wie Besuchern nahezubringen.

Elf Meter ragt der mittlere Pfeiler in den Himmel und weist mit seiner pyramidenförmigen Spitze, die an einen Obelisken erinnert, in die Unendlichkeit. Alle weiteren Interpretationen liegen im Auge des Betrachters.

Adresse LP-4 105, 38729 San Juan, San Andrés y Sauces | **Anfahrt** LP-1, dann LP-4 Richtung Roque de los Muchachos, parken am Aussichts- und Startpunkt für Gleitschirmflieger neben der Straße | **Öffnungszeiten** ganzjährig zugänglich | **Tipp** Ein Stück weiter auf der LP-4 kommt man zuerst am »Refugio«, einer Schutzhütte für Wanderer, vorbei und kurz darauf am »Mirador de los Andenes«, der phantastische Ausblicke in die Caldera hinein bietet.

SAN ANDRÉS Y SAUCES

75 Die Nekropolen von El Tendal

Höhlen für die Lebenden und die Toten

Wenn man von Santa Cruz nach Norden fährt, eine sehr schöne Strecke mit atemberaubenden Ausblicken über die Ostküste aufs Meer, durch Tunnel und um tiefe Schluchten herum, dann umfährt man kurz vor Los Sauces den Barranco de San Juan, ein Siedlungsgebiet der Ureinwohner der Insel. Am Boden der Schlucht gibt es einige Bananenpflanzungen, an den üppig bewachsenen Hängen befinden sich 28 größere Höhlen. In 26 von ihnen entdeckte man Tonscherben – Überreste einer Besiedelung –, in zweien Knochen, die auf eine Nutzung als Nekropolen oder Grabhöhlen hindeuten.

In den grünen Barranco mit den Höhlen kann man auf einem schmalen Pfad hinuntersteigen. Auf der Südseite, unterhalb der Kirche von San Juan, fällt Ihnen vielleicht ein modernes Gebäude aus Naturstein mit Stahl und Glas auf – das ist der architektonisch gelungene Archäologiepark bei San Andrés y Sauces. Nach zwölf Jahren Bauzeit, in deren Verlauf sich die Kosten verdoppelten, wurde er im Mai 2015 tatsächlich fertiggestellt. Bis zur Eröffnung dauerte es dann noch einmal fast vier Jahre. Dabei ist dieser Ort mit seiner Bedeutung für die Archäologie La Palmas einer der drei wichtigsten Fundorte der Insel. Im Erdgeschoss befindet sich nun eine permanente Ausstellung von Fundstücken aus den Höhlen von El Tendal, die im Wesentlichen in den 80er Jahren des vorigen Jahrhunderts erforscht wurden sowie aus anderen Fundorten im Barranco de San Juan. Dieses relativ dicht besiedelte Gebiet zwischen San Juan und San Andrés gehörte zum Kanton Adeyahamen, der heutigen Provinz San Andrés y Sauces. Ausgestellt und in Schaubildern und auf interaktiven Bildschirmen werden Erkenntnisse zum Alltagsleben, Nahrungserwerb, zu den religiösen Vorstellungen und Bestattungsriten der auf circa 10.000 geschätzten Ureinwohner präsentiert. Eine Quelle, die bei den Bauarbeiten am Hang sprudelte, wurde in das moderne Museumsensemble integriert.

Adresse El Tendal, 38729 San Juan, San Andrés y Sauces | **ÖPNV** Bus 100 Richtung Barlovento, Haltestelle Iglesia San Juan | **Anfahrt** LP-1 Richtung Barlovento, vorbei an der Iglesia de San Juan; vor dem Tunnel führt ein Fußweg hinunter in die Schlucht | **Öffnungszeiten** Barranco San Juan ganzjährig zugänglich, Besucherzentrum El Tendal: Di–Sa 10–17 Uhr, So, Mo 10–15 Uhr | **Tipp** Besuchen Sie im Nordosten, bei Los Sauces, auch die Lorbeerwälder von Los Tilos mit den abenteuerlichen Wassertunneln und Galerien. Es gibt einen Shuttle-Service hinauf zur Casa del Monte, von wo Sie auf markierten Wegen zurück zum Besucherzentrum Los Tilos wandern können.

76 San Andrés
Wasser, Land und ein Hafen

Wie sich die Zeiten ändern und die Gewichtungen umkehren. Los Sauces zählt heute fast zehnmal so viele Einwohner wie das kleine San Andrés. Es hat die größere Kirche, Anschluss an die Hauptstraße und eine 319 Meter lange Bogenbrücke, die den Barranco de Agua in 150 Metern Höhe überspannt. Von unten ist die Brücke besonders imposant anzuschauen. Unten, am Meer, liegt das kleine San Andrés, heute ein Dorf, auch wenn es zu Beginn der Kolonisierung durch Spanien den stolzen Titel »Villa«, also Stadt, erhielt. Das war in den Zeiten, als man den Norden der Insel auf dem Landweg fast nicht erreichen konnte. So blieb es bis in die erste Hälfte des 20. Jahrhunderts.

Was machte die Bedeutung von San Andrés aus? Reichlich vorhandenes Wasser in den Bergen, das über den Barranco de Agua abfloss und früh kanalisiert wurde. Und Land, also agrarisch nutzbare Flächen. Der erste spanische Eroberer, Alonso Fernández de Lugo, versorgte großzügig sich selbst, seine Familie, Freunde und Geschäftspartner mit Eigentumsrechten an Wasser und Land rund um San Andrés. Für den Export des Zuckerrohrs der Plantagen wurde ein Schiffslandeplatz, später der Hafen von Espíndola, angelegt. San Andrés prosperierte. Heute schläft es vor sich hin.

Die Besucher sammeln sich in den Cafés auf dem Platz vor der Kirche, die fast immer geschlossen ist. Es lohnt sich, auf der mit Steinen gepflasterten Calle de la Iglesia hinunter Richtung Küste zu flanieren, vorbei an der Ermita El Pilar und den Häusern der Spanier, die heute noch so aussehen wie im 16. Jahrhundert. Nur dass es damals noch keine parkenden Autos gab. Über der Felsküste steht ein weiß getünchter Kalkofen aus dem 19. Jahrhundert, dann kommt man zur »Cuevita«, dem Platz, an dem früher die Boote zu Wasser gelassen und die Ladungen gelöscht wurden. San Andrés döst weiter. Läden, Supermärkte, eine Bank oder Apotheke? Gibt es nur in Los Sauces.

Adresse 38729 San Andrés | **ÖPNV** Bus 104 Richtung Los Sauces, Haltestelle San Andrés | **Anfahrt** LP-1 Richtung Los Sauces, dann LP-104, Parkmöglichkeit gegenüber der Bar »Miami« | **Tipp** Die Bar »La Placita« auf dem Kirchenplatz, geöffnet 12–21.30 Uhr, bietet kreative kanarische Küche. Besonders empfehlenswert sind Fleischgerichte wie *Cabrito asado* (Zicklein) und *Conejo* (Kaninchen) sowie die hausgemachten Nachspeisen.

SANTA CRUZ

77 _ Der Barranco de las Nieves
Von Federvieh und einer brennenden Sardine

Der Barranco de las Nieves mutet auf den ersten Blick etwas öde an: ein trockenes Flussbett mit Mündung zum offenen Atlantik am nördlichen Ausgang von Santa Cruz, mit Grünzeug bewachsen und als weitläufiger Abfalleimer begehrt.

Knappe zehn Kilometer schlängelt er sich zur Bergkette hinauf und ist ein wichtiger Ausgangspunkt für einen kleinen Spaziergang durch die Geschichte La Palmas. Von der Missionierung durch Franziskanermönche im 15. Jahrhundert erzählt das Gelände der Esplanadas am Fuße der Schlucht. Von schweren Gefechten gegen Piraten wie François le Clerc und andere Schurken die Festungsmauern des Castillo de la Virgen und des Castillo Santa Catalina. Geht man am Barranco entlang bergauf, dann erscheint auf der rechten Seite die Cueva de Carías, wo der erste Rat der spanischen Kolonisatoren tagte. Komfortabel war das Arbeiten in den felsigen Räumlichkeiten gewiss nicht, aber dennoch sehr wichtig, weil hier die Wasserrechte verteilt wurden. Das Wasser rauscht heutzutage nur noch bei starken Regenfällen durch die Schlucht ins offene Meer. Der Großteil sammelt sich in den oberhalb liegenden Barrancos, dem Barranco de la Madera und dem Barranco del Río, und wird durch ein System von vernetzten Kanälen verteilt.

In den Barranco blickend, lassen sich weitere seltsame Dinge beobachten. Das steinige, lang gezogene Areal ist von einer Schar frei laufender Hühner und deren stolzen Hähnen besetzt. Angeblich gehören sie niemandem so richtig und somit jedem. Seine wichtigste Rolle spielt der Barranco de las Nieves am Ende der Karnevalszeit. Dann wird eine übergroße, aus Pappmaschee gefertigte Sardine mit einem Schmollmund in den Barranco gebracht und angezündet, gefolgt von schwarz gekleideten, jammernden Witwen. »Die Beerdigung der Sardine«, *El entierro de la sardina*, setzt den Schlusspunkt nach einer wilden, ausgelassenen Zeit des Feierns und Tanzens.

Adresse Avenida Marítima, nördlicher Stadtausgang, 38700 Santa Cruz | **ÖPNV** Bus 100, Haltestelle Las Esplanadas | **Anfahrt** LP-1, parken an der Avenida Marítima | **Tipp** Man sagt, die besten Arepas der Stadt gäbe es in der »Arepera Las Nieves«, auf der rechten Seite des Barrancos gelegen. Arepas sind herzhaft gefüllte Teigtaschen aus Maismehl, eine Spezialität aus Venezuela.

SANTA CRUZ

78 — Der Barranco Seco
Wo der tote Wal begraben liegt

Am 28. März 2017 trieb ein totes Brydewal-Weibchen vor der Küste von San Andrés. Einen Zwölf-Tonnen-Koloss zu bergen ist kein leichtes Unterfangen. Feuerwehrmänner, mit Flossen und Schnorcheln ausgestattet, befestigten bei starker Brandung die Fluke des Wals an einem extrastarken Seil, um ihn mit einem Motorboot Richtung Santa Cruz abzuschleppen und anschließend mit Hilfe eines Krans aus dem Wasser auf einen Transporter zu hieven. Das Exemplar aus der Familie der Furchenwale liegt mittlerweile, nach einer ausführlichen Autopsie durch Biologen, in einer gut 15 Meter langen Grabstätte im Barranco Seco der Gemeinde Santa Cruz.

Blumen können leider keine gebracht werden. Die Zufahrt in den Barranco ist nur autorisierten Personen der Müllhalde erlaubt, die Mitte der 90er am Ende der Schlucht errichtet wurde – vorübergehend, wie es damals hieß. Gefährlich nahe an der Mündung zum offenen Meer wurde in den Anfängen der Wohlstandsmüll gelagert, das eingrenzende Mauerwerk litt durch den Wellengang und drohte einzustürzen. Bevor tonnenweise Abfall in den Atlantik gespült und eine Naturkatastrophe verursacht worden wäre, verlegte man die Müllagerung in höhere Ebenen. Obwohl der Barranco mittlerweile kanalisiert ist und viel Geld in seine Modernisierung floss, treten schädliche Gase und bei jedem Niederschlag Sickerwasser aus. Ein Urteil des Europäischen Gerichtshofs zog einen Schlussstrich unter das nicht enden wollende Projekt. Offiziell ist die Deponie seit 2012 stillgelegt, aber eben nur offiziell. 20 Jahre wird es mindestens noch dauern, bis alle Abfälle unter den vielen Schichten Erde verrottet sind.

Was mit dem Brachland einmal passieren wird, steht noch in den Sternen. »Ein Naturpark oder irgendetwas anderes«, meinte der Umweltminister einmal auf Nachfrage. Vielleicht ein Friedhof für gestrandete Meeressäuger? Der Anfang wäre ja gemacht.

Adresse Caserío Lomo de los Gomeros, Barranco Seco, 38700 Santa Cruz | **ÖPNV** Bus 100, Haltestelle Barranco Seco A | **Anfahrt** LP-1 | **Tipp** An der Küste nördlich von Santa Cruz, in der Gemeinde Puntallana, gibt es einige intime, kleine Strände. Ein sehr schön angelegter ist der Puerto Trigo, mit Grillstelle, Dusche und Holzveranda. Abfahrt von der LP-1 Richtung Martín Luis LP-102 und der Beschilderung folgen. Baden nur bei ruhiger See.

SANTA CRUZ

79__Die Bibliothek der Kosmologen
La Palmas papierene Schatzkammer

Die städtische Bibliothek thront unübersehbar oberhalb eines Treppenaufgangs der Plaza España im Altstadtviertel San Sebastián. »Real Sociedad Cosmológica, Biblioteca Municipal« – Königliche Kosmologische Gesellschaft, Stadtbücherei –, steht in großen Lettern an dem historischen Bauwerk. 1881 gründeten Akademiker und Wissenschaftler der Insel die Stiftung, die aber stets frei zugänglich und ein öffentlicher Ort für alle war. Einst kam auch König Juan Carlos I. und verlieh ihr den royalen Titel als verdiente Auszeichnung.

Im unteren Teil des Gebäudes findet sich das, was man von einer Bibliothek erwartet: Räume zum Lesen und Studieren, Regale mit Büchern aller Gebiete zum Nachschlagen und Ausleihen. Im oberen Stockwerk eröffnet sich noch eine ganz andere Welt. Ein herrlicher, in Holz gehaltener Saal beherbergt Schätze der Insel in Wort und Schrift, die bis in das 16. Jahrhundert zurückreichen. In edlen Holzvitrinen stehen über 25.000 Erstausgaben zu Medizin, Recht, Religion, Kultur und vielen weiteren Fachgebieten. Ein beachtlicher Fundus alter Schriften der Franziskaner- und Dominikanermönche, altes Kartenmaterial und das komplette Zeitungsarchiv der Insel ermöglichen eine Zeitreise in die Vergangenheit und eine Spurensuche. La Palmas Einwohner, einst eine bunte Mischung aus Liberalen, Freigeistern, Anarchisten, Linken und Rechten, publizierten Gedankengut und Propaganda in den Zeitungen »El Time« und »El Motín« – zum Teil skurril, das meiste auch heute noch interessant.

María Carmen arbeitet als Historikerin in der Bibliothek und kramt gerne die Juwelen hervor. Von der Kirche verbotene Bücher zum Beispiel oder papierene Geheimnisse, vor der Guardia Civil in einem dicken Schmöker versteckt. Ausgestellt sind außerdem eine Sammlung von Wappenschildern alteingesessener Familien und die erste Druckerpresse der Insel aus dem 19. Jahrhundert.

Adresse Calle Van de Walle 1, 38700 Santa Cruz | **ÖPNV** Bus 500, Haltestelle La Recova | **Anfahrt** LP-2, parken auf allen blau markierten Parkplätzen oder im Parkhaus Avenida El Puente | **Öffnungszeiten** Mo–Fr 8–21 Uhr, Sa 9–14 Uhr | **Tipp** Mehr ausgefallenen Lesestoff gibt es bei Eduardo in der »Librería Trasera« unterhalb des Rathauses. Besondere Lektüre auf Spanisch, Deutsch und Englisch, Wanderführer wie Kartenmaterial.

SANTA CRUZ

80   Das Café von Don Manuel
Alles vom Feinsten

Wenn man's nicht weiß, läuft man leicht vorbei am Café mit dem besten Kaffee der Insel, und das ist nicht nur subjektives Geschmacksempfinden, sondern sogar attestiert. Zwischen dem Rathaus und der historisch anmutenden Apotheke des Herrn Dr. Argany liegt es, schräg gegenüber der Plaza de España, versteckt in einem überdachten Innenhof der alten Casa Cabrera.

Im Herbst 2015 wurde Rayco Paz, der Besitzer des Cafés »Don Manuel«, als einer der besten Baristas von ganz Spanien ausgezeichnet, 2016 kam er auf Platz drei. Doch sein Kaffee wurde 2015 zum »Mejor expreso de España« gewählt. Und jeder, der einmal da war, kann das ohne Weiteres bestätigen.

Dass man dort auch wunderbare Tulpen und Herzen auf die Crema des *café cortado* (Espresso mit Milch) zaubern kann, ist hübsches Beiwerk. Rayco Paz bezieht seinen Kaffee von ihm persönlich bekannten Kaffeebauern in Kolumbien, und die paar Cent, die der Kaffee bei ihm mehr kostet als in der Bar nebenan, gehen an die kolumbianischen Familien, damit sie auch weiterhin hohe Qualität produzieren können.

Beliebt ist das Café »Don Manuel« bei Einheimischen wie Besuchern. Die acht Tische im lichten Patio mit Holzgalerien und hängenden Farnen unter dem Glasdach sind schnell belegt. Neben dem Kaffee schwören manche auf die Bocadillos, die belegten Brötchen, die hier gemacht werden, die saftige Orangentorte (*tarta de naranja*) und andere Kuchen oder den *barraquito con licor*, eine Kaffeespezialität mit zwei Schichten Milch (*natural* und gesüßte Kondensmilch) sowie Likör. Könnte man auch als Nachspeise bestellen.

Die Casa Cabrera ist übrigens ein traditionsreicher Ort, an dem der älteste noch aktive Familienbetrieb der Insel in verschiedenen Wirtschaftszweigen tätig ist. Er hat vor 150 Jahren als Lebensmittel- und Tabakhandel angefangen und ist mittlerweile Reederei, Bananenproduzent und noch so einiges mehr.

Adresse Calle Anselmo Pérez de Brito 2, 38700 Santa Cruz, Tel. +34/922/410317 | **ÖPNV** Bus 500, Haltestelle Antiguo Parador | **Anfahrt** LP-2, parken an der Avenida Marítima | **Öffnungszeiten** Mo–Sa 8.30–13.30 und 16.45–20 Uhr, So geschlossen | **Tipp** Ein Besuch der Kunststiftung »Espacio Cultural« der Caja Canarias an der Plaza España 3 empfiehlt sich eigentlich immer. Wechselnde Ausstellungen, geöffnet Mo–Fr 11–13 und 17–20 Uhr. Infos unter www.artecanario.es.

SANTA CRUZ

81 Das Caibo
Wo die besten Bocadillos gemacht werden

Mit der Bar »Caibo« ist es wie mit der Liebe: die auf den zweiten Blick und mit den inneren Werten machen am Schluss das Rennen. Denn mit Optik kann das »Caibo« nicht wirklich punkten, eher wird der kleine Laden völlig übersehen. Das auf Halbmast heruntergezogene Plastikrollo vor dem Schaufenster macht ein Entdecken schwer. Ansonsten: eine offene Tür mit Alurahmen, ein Feuerlöscher. Trotzdem sammelt sich das Volk gerne am Metalltresen. Hier gibt es die besten belegten Brötchen überhaupt, mit flinken Händen und Greifzangen vom freundlichen Personal zubereitet. Fünf Sorten stehen zur Auswahl: *bocadillo de jamón y queso, pata, pollo, ternera o lomo* (Schinken-Käse, Schwein, Hühnchen, Rind oder Schweinelende). Man ordert und trinkt einstweilen einen *café solo* oder ein *refresco*, eine Sprite oder eine Cola aus dem Kühlfach unter der Theke. Lange warten muss der Hungrige nicht auf die Bestellung, denn die Mitarbeiter des »Caibo«-Teams sind verflixt schnell beim Zubereiten der Bocadillos.

Vor den Augen des Gastes werden an einem minimalistischen Arbeitsplatz die Zutaten, ordentlich in Boxen sortiert, bereitgehalten. Ein weißes Brötchen wird aufgeschnitten, in den Grill zum Vorrösten gelegt, Kühlschrank auf, Tupperbox raus, Salatblatt, Tomatenscheibe, Fleisch, Käse auf die eine Brötchenhälfte –«¿con mayonesa?«, wird noch gefragt –, Brötchendeckel drauf, zurück auf den Grill, Kühlschrank auf, Tupperbox rein, Kühlschrank wieder zu, zack, zack geht das.

Während der Deckel des Gasgrills das Bocadillo schön knusprig röstet, wird abkassiert und Alufolie abgerissen, falls man sein Essen mitnehmen möchte. Wenn alles Fleisch verbraten wurde, wird man als Gast gebeten, schon einmal die Tür zu schließen – Feierabend, unabhängig von jeglichen Öffnungszeiten. Während man isst, guckt man noch gedankenverloren beim Brötchenbelegen zu. Und schwört aufs Neue dem »Caibo« lebenslange Treue.

Adresse Calle Apurón 6, 38700 Santa Cruz | **ÖPNV** Bus 500, Haltestelle Avenida Los Indianos | **Anfahrt** LP-2, parken auf allen blau markierten Parkplätzen in der Stadt oder im Parkhaus Avenida El Puente | **Öffnungszeiten** Mo–Sa 8–19 Uhr, So geschlossen | **Tipp** Einer der stimmungsvollsten Plätze der Hauptstadt ist die Plaza de Santo Domingo. In dem ehemaligen Dominikanerkonvent ist heute eine Schule untergebracht, auf der Steintreppe oder in der Bar am Platz kann man wunderbar verweilen und das Geschehen beobachten.

82 Calle Castillete Número 7
Die Golden Twenties auf La Palma

Das Viertel um die Festungsmauer von Santa Catalina ist, architektonisch betrachtet, ein buntes, nachlässig aufeinander abgestimmtes Potpourri. Trotz oder gerade wegen der vorherrschenden Anarchie, in der jeder Millimeter Fläche ausgenutzt scheint, fällt ein Gebäude durch seinen klaren Baustil ins Auge.

Das Wohnhaus Nummer 7 liegt gegenüber dem Eingang zum Castillo. Mit seiner leichten, luftigen Bauweise und den haushohen, in Reih und Glied davor gepflanzten Palmen erinnert es an ein Postkartenmotiv aus Florida. Geplant wurde es in den späten 20ern von Miguel Martín-Fernández de la Torre, dem einflussreichsten kanarischen Architekten seiner Zeit. 1894 als zweiter Sohn einer Künstlerfamilie auf Gran Canaria geboren, kehrte er nach seinem Abschluss an der Madrider Universität in seine Heimatstadt Las Palmas zurück. Als Initiator und Repräsentant der Modernen Bewegung und der rationalistischen Architektur verlieh er ganzen Vierteln und bedeutenden öffentlichen Gebäuden auf Gran Canaria seine Handschrift. So das Regierungsgebäude und das Museo Néstor, benannt nach de la Torres Bruder. Seine Aufenthalte in Deutschland zur Zeit der Bauhaus-Ära prägen seine Bauten in Santa Cruz.

Klare Linien, funktional, schnörkellos und viel Glas sind die charakteristischen Merkmale des Rationalismus. In de la Torres Architektur fließen runde Formen mit ein, eine Art südländische Veredelung der geradlinigen Struktur sozusagen, ein paar weibliche Kurven im kantig-männlichen Äußeren. Die Fassade der Nummer 7 ist bis auf einen frischen Anstrich unverändert geblieben. Graue Lamellen an den Außenwänden und das Garagentor, das wie ein Rollo ein Stück heruntergezogen ist, sind Elemente aus dem französischen Art déco. Bei so viel erfrischender Modernität erahnt man, wer einst die Bauherren waren: wohlhabende Weltenbummler mit einem Geschmack am Puls der Zeit.

Adresse Calle Castillete 7, 38700 Santa Cruz | **ÖPNV** Bus 500, Haltestelle La Recova | **Anfahrt** LP-2, parken auf der Avenida Marítima | **Tipp** »Ombú« bedeutet »Schöner Schatten« und ist der wohlklingende Name des prächtigen Gewächses neben dem Eingang der Festung Santa Catalina. Ein tropischer Baum aus der Familie der Kermesbeeren, der einst aus Paraguay mit einem Handelsschiff nach La Palma kam und sich in den letzten Jahrhunderten auf der Insel verbreitete.

SANTA CRUZ

83 Die Casa Tey
Tee und Kultur unter einem Dach

Die Stimmung ist entspannt an diesem Mittwochabend in der »Casa Tey«, dem beliebten Treffpunkt im Zentrum von Santa Cruz. Im Innenhof haben sich Literaturfans aller Altersklassen versammelt. Die Nebenräume sind wie sehr gemütliche Wohnzimmer eingerichtet. Man nippt an seinem Rotwein oder isst eine Tapa. Die, die keinen Platz mehr ergattern konnten, besetzen die Holztreppe, die in den ersten Stock des historischen Hauses führt, oder sitzen auf Kissen am Boden. Gleich beginnt die Lesung einer jungen spanischen Autorin, sie stellt an diesem Abend ihren ersten Roman vor. Ein paar Klappstühle werden noch von irgendwoher herbeigeschafft. Sie liest aus jedem Kapitel einige Sätze, es geht um die Liebe und darum, wie diese in Etappen stirbt. Ihr Publikum lauscht und lässt sich von ihrer Stimme mittragen, dann geht ein Hut für freiwillige Spenden herum, Münzen klimpern.

Manuel, Erbe und Betreiber der »Casa Tey«, kann keine hohen Gagen zahlen. Die Künstler kommen aber trotzdem gerne, alle 14 Tage gibt es Konzerte oder literarische Events. In der verbleibenden Zeit ist die »Casa Tey« eine gute Mischung aus Café und Bar, je nachdem, ob man lieber zum Tee- oder zum Weintrinken kommt. Der Name Tey hat nichts mit einer reichen Auswahl an Tee zu tun. In der Familienbiografie wird von einem Don Francisco Tey berichtet, der Arzt war und in London lebte. Irgendwann verschlug es ihn auf die Insel, und er vermählte sich mit Doña Isabel Méndez, einer Palmera.

Fotos der Hausherren stehen noch im Salon im ersten Stock, der mit einem purpurroten Seil vom aktuellen Geschehen unten abgetrennt ist. Manchmal werden Theaterstücke dort oben gespielt, die Möbel aus Urgroßvaters Zeiten und eine unglaublich schön geschnitzte Decke aus Teaholz schaffen ein perfektes Bühnenbild. Francisco und Isabel schmunzeln dann aus ihrem Bilderrahmen und sind stolz auf ihre Nachfahren.

Adresse Calle Apurón 3, 38700 Santa Cruz | **ÖPNV** Bus 500, Haltestelle Avenida Los Indianos | **Anfahrt** LP-2, parken auf allen blau markierten Parkplätzen | **Öffnungszeiten** Mo–Sa 10–23 Uhr, So geschlossen | **Tipp** Die Casa Principal de Salazar in der Calle O'Daly ist ein edler Bau aus dem 16. Jahrhundert. Einst im Besitz der wohlhabenden Familie Salazar, finden heute Kongresse, Ausstellungen, Konzerte und andere kulturelle Highlights in seinen Räumlichkeiten statt.

SANTA CRUZ

84 Das Centro Comercial
Viel Lärm um nichts

Der Untertitel dieses Textes müsste eigentlich »Viel Lärm *auf* nichts« lauten. Das in den 90ern geplante Einkaufszentrum in der Avenida El Puente, am höchsten Punkt der Hauptstadt gelegen, ist ein lebloses Betongrab. Alle Reanimationsversuche durch diverse Unternehmen blieben bisher erfolglos. Nur vom Dach des lang gezogenen Gebäudekomplexes, auf dem ein Fußballstadion errichtet wurde, tönt regelmäßig der lebhafte Rummel der Fußballspiele.

Das Centro Comercial und auch das Fußballstadion waren Bauprojekte des Unternehmers Silvestre Carrillo und einiger Aktionäre. Anfang der 90er wurde die Idee des fünfstöckigen Gebäudekomplexes geboren, der sich an der Felswand des Barranco de Dolores entlangzieht. Hauptmieter sollte die spanische Supermarktkette »San Martín« werden, weitere Geschäfte waren für die gut 3.000 Quadratmeter Ladenfläche anvisiert, eine hauseigene Tiefgarage geplant – es hätte alles so schön sein können. Angeblich verhinderte dann aber der mächtige Einfluss eines konkurrierenden Supermarkt-Barons die Eröffnung des Zentrums. Strenge Auflagen der Ämter und die hohen Gewerbesteuern machten Carrillos Geschäftsidee dann endgültig den Garaus.

Seit jener Beinahe-Eröffnung 1999 steht das Bauwerk dort also ungenutzt herum. Längst haben sich Jugendliche mit Spraydosen bewaffnet und an den Hausfassaden verewigt. Eine Kühlvitrine steht unausgepackt im Inneren. Die riesigen Fensterfronten sind mit einem weißen X bemalt worden, auf jeder Scheibe eines. Das soll nicht etwa Vögel vor einem unsanften Aufprall schützen, vielmehr deuten sie auf verfügbaren Raum hin, ein Signal für den unwahrscheinlichen Fall einer Rettung.

Den letzten Versuch unternahm 2005 noch einmal »San Martín«, es blieb aber beim Aufhängen eines riesigen Werbebanners. Denn mittlerweile wurde der letzte Hoffnungsträger vom Giganten »HiperDino« geschluckt.

Adresse Avenida El Puente 10, 38700 Santa Cruz | **ÖPNV** Bus 500, Haltestelle Casas Rojas | **Anfahrt** LP-20 | **Tipp** Das Altstadtviertel von San Sebastián ist von der Avenida El Puente über eine lange Treppe zu erreichen. Achten Sie auf die mit den 12 Sternzeichen verzierte alte Holztür in der Calle Sebastián. Sie wurde von einer der ersten deutschen Aussteigerinnen der Insel gefertigt.

85 Die Clínica Camacho
Kanarische Bauhaus-Architektur

Miguel Pérez Camacho wurde in politisch aufregenden Zeiten geboren. Als frischgebackener Abiturient, mit dem *bachillerato*, der Hochschulreife, in der Tasche, reiste der junge Palmero Ende des 19. Jahrhunderts nach Kuba. Sein Ziel: die medizinische Fakultät von Havanna.

Obwohl zu Camachos Studienzeit Kuba bereits Halbkolonie der USA war, litt das Land weiter unter Korruption und den Wirren um die Unabhängigkeit. Für den Mediziner ein grotesker Segen: Opfer politischer Aufstände und ermordete Guerillakämpfer landeten häufig auf Camachos Seziertisch und wurden nicht auf Herz und Nieren untersucht – denn sein Fachgebiet war die Gastroenterologie. 1932 kehrte er als erfahrener Chirurg nach La Palma zurück, kurz vor Fertigstellung seiner privaten Klinik, deren Bau er von Kuba aus beauftragt hatte. Bis zu seinem Ruhestand entfernte oder operierte Camacho erkrankte Gallenblasen und Mägen, für die Mittelschicht auf Ratenzahlung oder auch unentgeltlich, wenn die Taschen seiner Patienten leer waren. Ein pragmatischer Mann und Mediziner, der jeden Erkrankten behandelte und bei den Bürgern daher, je nach Klasse, beliebt war oder verachtet wurde. Medikamente und Apparate mussten oft unter der Hand beschafft werden, außer Sichtweite von Francos Regime, das die Insel in den 40ern fest im Griff hatte.

In den 50er Jahren verkaufte Camacho seine Klinik an die spanische Seguridad Social. Bis heute sind darin das Centro de Salud, das Ärztezentrum, und die Notaufnahme der Hauptstadt untergebracht. 1957 starb Doctor Camacho in seinem Privathaus, das gleich neben seiner Klinik liegt. Erschaffer beider modern designter Gebäude war der mit ihm befreundete Architekt Miguel Martín-Fernández de la Torre, der mehrere Wohnhäuser in derselben Straße entwarf. Camachos Wohnhaus steht seit Jahrzehnten leer. Farbenprächtige Bougainvillen überwuchern es langsam und unaufhaltsam.

Adresse Calle Pérez Galdós 5, 38700 Santa Cruz, Tel. +34/922/418027 | **ÖPNV** Bus 500, Haltestelle Barco de la Virgen | **Anfahrt** LP-2, parken auf den blau markierten Parkplätzen | **Öffnungszeiten** Notaufnahme Mo–So 24 Stunden | **Tipp** Über 500 Jahre alt ist das Hospital Nuestra Señora de Dolores in der Calle San Vicente de Paul. Geschichte schrieb es unter anderem, weil immer wieder anonym Babys vor der Tür des Hospitals abgelegt wurden. Man taufte die Kinder auf den Namen des Schutzheiligen des jeweiligen Tages: San Gil, San Juan, San José.

86 Der Electrón
Elektrisches Licht für die Weltstadt Santa Cruz

Das erste elektrische Licht auf der Insel wurde am 31. Dezember 1893 in Santa Cruz mit Kapellenmusik und buntem Feuerwerk gefeiert. Im Beisein der jubelnden Bevölkerung erleuchteten die ersten Glühbirnen die Plaza de la Alameda. Leisten konnten sich den Strom anfangs zwar nur privilegierte Familien, aber das hielt die einfacheren Leute nicht vom stolzen Mitfeiern ab. Der Titel »Sechste Stadt weltweit mit Stromversorgung« war schließlich für jeden Palmero kleidsam und bestätigte, nach dem ersten auf den Kanaren installierten Telefon, den Pioniergeist.

Don Antonio Carballo Fernández und Don Silvestre Carrillo Massieu hießen die wohlhabenden Unternehmer, die La Palma zur elektrischen Energie verhalfen. Nahe der kanalisierten Wasseradern des Barranco del Río startete die Madrider Baufirma »Jackson & Hermanos« im Auftrag der gegründeten Firma »Sociedad Anómina Electrón« den Bau des Turbinenhauses. Eine Brücke zum gegenüberliegenden Kanal wurde errichtet, und man installierte leistungsstarke – mit deutschen Motoren versehene – Turbinen der englischen Marke »Pelton«. 50 Liter Wasser pro Sekunde schossen gute 60 Jahre lang durch die Maschinen, so lange versorgte die Firma »Electrón« die Insel mit Strom. Später übernahm der spanische Stromkonzern »Unelco« das Ruder, wegen der dauerqualmenden Schornsteine der Dieselmotoren unübersehbar im Industriegebiet von Santa Cruz gelegen.

Vom alten Electrón ist nicht mehr als eine geheimnisvolle Ruine geblieben. Die Brücke aber ist noch intakt und lohnt wegen der tollen Aussicht eine Begehung. Zur Orientierung dient das Bushalteschild am Kreisverkehr unterhalb der Kirche Las Nieves. Von hier aus führt eine asphaltierte Straße an einigen Wohnhäusern entlang nach oben und mündet in einen etwas zugewachsenen, aber begehbaren Pfad – immer rechts den Barranco del Río entlang, etwa zehn Minuten Gehzeit.

Adresse Electrón, Barranco del Río, 38700 Santa Cruz | **ÖPNV** Bus 303, Haltestelle Las Nieves B | **Anfahrt** LP-101, parken am Kreisverkehr | **Tipp** Die Wasserkanäle des Barranco del Río durchlaufen auf ihrem Weg in die Stadt 13 ehemalige Wassermühlen, wovon jede mit einem geweihten Kreuz versehen ist. Verfechter des palmerischen Erbes kämpfen seit Jahren um ihren Erhalt beziehungsweise ihre Wiederinstandsetzung.

87 Das Enriclai
Speisen im kleinsten Restaurant der Insel

Man sagt, das Restaurant »Enriclai« habe seinen Namen von einem bekannten Geiger der Insel erhalten, der einst die Menschen mit seiner Musik verzauberte. So eigenwillig sein Name, so besonders ist das kleine Lokal in der Altstadt von Santa Cruz, an dem die meisten ahnungslos vorbeilaufen. Es liegt in einer Seitengasse, anscheinend in eine freie Nische hineingebaut, ein ehemaliges Wohnzimmer mit Holzboden und kanarischem Dach aus Teaholz. Zwei hohe Stufen müssen genommen werden, um in die urgemütliche Stube zu gelangen. Carmen, die Wirtin, begrüßt jeden Gast einzeln und ausgesprochen herzlich und dirigiert ihn an einen der vier vorhandenen Tische. Glücklich, wer hier reserviert hat. Eine kleine Mauer mit Kästchenfenstern trennt den Essbereich von der schmalen Küche, in der Carmens Sohn Leonardo brutzelt und kocht und wo ab und an Stichflammen vom Ablöschen hochschießen. Wenn man Platz genommen hat, beginnt das Ritual.

»Keine Karte«, sagt Carmen und setzt sich mit an den Tisch. Sie zählt auf, was an diesem Tag gekocht wird, je nach Saison und je nachdem, was der Markt an Frischem hergibt. Avocado-Mango-Salat, *Ceviche* aus frischem Thunfisch mit viel Koriander als Vorspeise. Als Hauptgang hausgemachte Tagliatelle mit Pilzen oder ein feines Entrecote mit knackigem Gemüse. Die Getränkeauswahl ist klein und fein: sehr gute Weine von palmerischen und spanischen Winzern, kenntnisreich ausgewählt, Bier und Wasser, fertig.

Während man auf das Essen wartet, plaudert man mit Gästen vom Nebentisch und lässt sich von der gemütlichen Atmosphäre tragen. Carmen bemuttert ihre Gäste hingebungsvoll, schenkt Wein nach, streichelt die Flasche mit einer Stoffserviette und tätschelt einem den Rücken. Nach einem kurzen Magen-Scan findet sich meist doch noch eine Lücke für einen Nachtisch. Für den Heimweg gibt es noch ein paar aufmunternde Worte und Abschiedsküsschen von der Wirtin. Das Leben kann so schön sein!

Adresse Calle Dr. Santos Abreu 2, 38700 Santa Cruz, Tel. +34/680/203290 | **ÖPNV** Bus 500, Haltestelle La Recova | **Anfahrt** LP-2, parken auf allen blau markierten Parkplätzen oder im Parkhaus Avenida El Puente | **Öffnungszeiten** Di–Sa 13–16.30 und 19.30–23 Uhr, Mo nur abends, So Ruhetag | **Tipp** Die Markthalle »La Recova« liegt an der Avenida El Puente. Man findet dort eine große Auswahl an frischen Lebensmitteln und typisch kanarischen Produkten oder frisch gepressten Zuckerrohrsaft. Freitags und samstags mit angeschlossenem Blumenmarkt. Mo–Sa 6–14.30 Uhr geöffnet.

88 La Erita

Versammlungsplatz auf 2.100 Metern

Was hat die palmerische Urbevölkerung dazu getrieben, sich einen Versammlungsort in dermaßen luftiger Höhe am Calderarand auszusuchen? Es ist schon ein besonderer, erhabener Platz für ein Zusammentreffen unter freiem Himmel, wie eine germanische Thingstätte. Bei den Benahoaritas hieß dieser Platz »Tagoror«.

Es ist eine ebene Hochfläche etwas unterhalb des Pico de la Sabina, der Boden aus rötlichem Sand, an den Seiten flankiert von glatten Felsblöcken, in die als Zeichen ihrer Anwesenheit die bekannten Spiralen und Mäanderformen eingeritzt sind sowie einige einfache Kurvenformen, die man als Schriftzeichen deuten könnte. 60 davon hat man bereits 1922 entdeckt. Mit guten Augen kann man von hier oben die ganze Caldera bis zum Grund überblicken. Darüber sind nur noch Himmel, Wolken, Wind und nachts die Gestirne. Wurde hier Recht gesprochen, wurden Streitfälle geschlichtet? Trafen sich hier die Anführer der einzelnen Stämme mit ihrem Gefolge? Was wurde besprochen, was entschieden? Wurde hier gebetet oder einem Sonnenkult gehuldigt? Wie oft traf man hier zusammen? Immerhin war der Aufstieg beschwerlich, denn es standen weder Wagen noch Reittiere zur Verfügung.

Da haben wir es heute viel leichter. Gepflegte Wanderwege wie der GR131 führen an der Erita vorbei, ebenso die LP-4, von der aus wir nicht weit laufen müssen und die Tour auch leicht mit einem Abstecher auf den sturmumbrausten Pico de la Nieve (2.232 Meter) verbinden können. Der Platz auf und rund um die Erita und den Pico de la Sabina wurde in früheren Zeiten auch von Hirten genutzt. Die Reste eines an den Fels gebauten Unterstands geben Zeugnis davon. Eine nahe gelegene Quelle versorgte Mensch und Ziegen mit Trinkwasser. Die Behausungen sind heute Ruinen, die Petroglyphen auf der Erita von dicken Eisenstäben umgeben, um sie vor Vandalen des 20. und 21. Jahrhunderts zu schützen. Ein magischer, inspirierender Ort ist La Erita heute noch.

Adresse Start: LP-4, Wanderparkplatz zum Pico de la Nieve | **Anfahrt** LP-4 | **Tipp** Die nächste Schutzhütte, die man von hier aus erreicht, ist der Refugio Punta de los Roques auf 2.040 Metern. Sie ist ein reiner Unterstand, für den Fall, dass es regnet oder Nebel aufzieht. Es gibt Pritschen aus Holz zum Schlafen. Matratzen, Decken, Wasser und sanitäre Anlagen sind nicht vorhanden.

SANTA CRUZ

89 Der Festungskerker
Eine unfreiwillige Auszeit in Santa Catalina

Die Festung Santa Catalina ist das Herzstück der ehemaligen Verteidigungsanlagen von Santa Cruz. Am Stadtausgang Richtung Norden thronen ihre festen Mauern, ausgestattet mit Kanonen, die in Richtung auf den offenen Atlantik justiert sind und die Stadt vor den häufigen Piratenangriffen schützen sollten.

In dem mit Steinen angelegten Innenhof führt eine Treppe in die tiefer gelegenen Ecken der Festung. Wer durch den schmalen Schlitz in einer der dicken Wände ins Dunkle lugt, erahnt das Verlies, das sich dahinter befand. Ursprünglich als Depot für Schießpulver genutzt, wurde es 1701 zum »Real Calabozo«, dem königlichen Kerker, umfunktioniert – eine politische Umerziehungsanstalt für Andersdenkende. Kritiker der spanischen Krone, Kriegsgegner oder andere Störenfriede wurden hier auf Befehl zusammengepfercht. Zu Tode kam angeblich nie ein Inhaftierter, höchste Folter war die karge tägliche Wasserration, die durch die enge Lücke der Mauer reingeschüttet wurde und wegen des porösen Lavagesteins nur noch als dünnes Rinnsal bei den Gefangenen ankam. Und sonntags gewährte man den Häftlingen etwas Freigang an der frischen Luft. Zum Ende des ersten Haftmonats wurden die Auflagen dann aber schon deutlich gelockert. Als die Franco-Diktatur in den 40ern auf der Insel wütete, gehörten unter dem Regime der Ultrarechten humane Regelungen für die Inhaftierten der Vergangenheit an. Wahrscheinlich existieren bis heute Verliese aus dieser finsteren Epoche, die lieber verschlossen gehalten werden. Die letzten Jahre bis zur Privatisierung der Festung in den 50ern diente der Kerker lediglich noch als Zwinger für streunende Hunde.

Heute erinnert optisch nichts mehr an die rauen Zeiten. Ritzzeichen an den Wänden wurden entfernt, andere Spuren beseitigt. Dennoch: Mit viel Engagement hält die Stadt die Geschichte wach und verleiht der Festung Museumscharakter.

Adresse Calle el Castillete 10, 38700 Santa Cruz | **ÖPNV** Bus 500, Haltestelle La Recova | **Anfahrt** LP-2 | **Öffnungszeiten** Mo–Sa 10–14 Uhr, Führungen werden angeboten | **Tipp** Typisch für La Palma und sehr erfreulich für Tages- und Nachtschwärmer ist die angesichts der geringen Einwohnerzahl relativ hohe Kneipendichte. Empfehlenswert ist die Bar »La Isla de Goya« in der Avenida Marítima, die besondere Tapas wie frittierte Auberginen mit Honig oder Tintenfischkroketten serviert.

SANTA CRUZ

90 Die Fischermole
Ein authentisches Stück La Palma

Frühmorgens, mit den ersten Sonnenstrahlen, tuckern die *pescadores*, die Fischer, in ihren bunten Motorbooten am großen Fähranleger vorbei Richtung Dock, an Bord der Fang der letzten Stunden. An Land warten schon Milagro, Juani und Rosy, die freundlichen Frauen aus dem Fischladen, um die frischen Shrimps, Sardinen, Calamares und verschiedensten Arten von Atlantikfischen in weiße Wannen zu füllen und die Verkaufsvitrine damit zu bestücken. Ein Fischhändler belädt seinen kleinen Van, auf dem Dach ist ein blechern klingendes Megafon befestigt. Man wird ihn schon von Weitem hören, wenn er gleich mit seiner Ware von Dorf zu Dorf fährt.

Die »Muelle de Pescadores« ist der ungeschönte und lebendige Teil des Hafens von Santa Cruz. Während Ende 2000 das Gelände durch den Bau der Marina mit Einkaufsmöglichkeiten und hipper Gastronomie einen modernen Touch erhalten sollte, wurde auf der Mole ein traditioneller Fischerverein gegründet, ein Glaskasten mit der Heiligen Jungfrau aus Hartplastik aufgestellt und der Straßenbelag mit Abfall malträtiert, der langsam darin festgetreten wurde. Die beste Tageszeit für diesen unstylishen Ort ist der Vormittag. Die Doñas kommen, um in der *Pescadería* für das Mittagessen einzukaufen, ältere Herren sitzen auf einer Bank, einer füttert Tauben. An einer Stelle stehen eine Menge Reusen herum, kaputter Maschendraht türmt sich daneben, Möwen ziehen ihre hektischen Runden über den vor Anker liegenden kleinen Yachten und Nussschalen. Es riecht nach Fisch und Meer.

Wenn der Kiosk um elf Uhr öffnet, trifft man sich am Tresen oder an einem der in der Sonne platzierten Holzfässer auf einen *cortado con leche natural* – einen kleinen Kaffee mit Milch. Am Wochenende tummelt sich hier das einheimische Volk zum Essen, es ist laut, ausgelassen und gelassen zugleich. Etwas schade ist es um die Marina, die schicke Schwester von nebenan. Sie war leider nur für kurze Zeit eine Attraktion.

Adresse Avenida Los Indianos s/n Bajo, Muelle Pesquero, 38700 Santa Cruz | **ÖPNV** Bus 300, Haltestelle Playa de Bajamar | **Anfahrt** LP-2, Abfahrt im Kreisverkehr an der Avenida Los Indianos rechts Richtung Puerto Acceso Sur | **Tipp** Bestens speisen lässt es sich im Kiosk »El Puertito« an der Mole: Tapas mit Meeresfrüchten, grillter Fisch des Tages und Gofio, ein Getreidebrei, der hier mit Fischsud zubereitet wird. Geöffnet Di–Sa 6–22 Uhr, So und Mo 6–16 Uhr.

91 Die Guaguas
Wer hat das schönste Bushäuschen?

Die Busse heißen auf La Palma wie in Venezuela *guaguas*, was wohl eine Verballhornung des englischen Wortes *wagon* ist. Es hört sich zärtlich und liebevoll an, und das beschreibt auch das Verhältnis der Einheimischen zu ihren öffentlichen Transportmitteln, die bis heute die ganze Insel regelmäßig, zuverlässig und sehr preiswert bedienen.

Die erste motorisierte Guagua kam 1910 auf die Insel und war ein Ford-T-Modell mit immerhin vier Sitzreihen. Die meisten Busse wurden als Karosserie mit separat verpackten Einzelteilen per Schiff aus England angeliefert und waren rechtsgesteuert. Die Busgesellschaften vor Ort bauten ihre Guaguas dann selbst in Handarbeit zusammen. Viele waren seitlich offen, damit man die Schönheit der Landschaft betrachten konnte, was bei Regen allerdings zum Problem wurde. Ab den 1950er Jahren fuhren auch Mercedesbusse auf der Insel. Neben dem *conductor*, der das Gefährt steuerte, gab es einen uniformierten *cobrador*, der den Fahrpreis kassierte. In den Bussen durfte weder geraucht noch gespuckt noch während der Fahrt mit dem Fahrer gesprochen werden.

Es gab zwei Linien. Die »Guaguas del norte« waren rot mit gelben Dächern, die »Guaguas del sur« hatten weiße Dächer. Diese Zweiteilung besteht bis heute. Es gibt die »Circunvalación norte« und die »Circunvalación sur«, die Nord- und die Südroute, und darüber hinaus Microguaguas als Anschlussbusse zu den entlegeneren Dörfern, vor allem im dünn besiedelten Norden. Die Preise reichen von 1,37 Euro (Stadtverkehr) bis zu 2,10 Euro (Überlandfahrten). Rentner, Arbeitslose und Studenten dürfen gratis, Menschen mit Einschränkungen, Kinderreiche und viele andere ermäßigt fahren.

Eine Augenweide sind immer wieder die *marquesinas* genannten gemauerten Bushäuschen, die unter Palmen oder neben Strelitzienhecken stehen und mitunter von autorisierten Hobbykünstlern mit Wandbildern versehen wurden und in der Regel auch gepflegt werden.

Adresse Transportes Insular La Palma, Avenida Los Indianos 14, 2º B-C, 38700 Santa Cruz, Tel. +34/922/411924, www.transporteslapalma.com | ÖPNV Bus 500, Haltestelle Parada Sur | Tipp Einige Meter weiter stadteinwärts befindet sich die Hauptpost, »Correos«, ein wie in Spanien üblich recht pompöses Gebäude. Dort gibt es auch drei Briefkästen für die aufgegebene Post: *Extranjero* (Ausland), *Península* (Spanien) oder *Islas* (Kanaren).

SANTA CRUZ

92 Der Hauptstadt-Strand
Ein leiser Hauch von Rio

Wenige Momente sind wohl so herbeigesehnt worden wie die Eröffnung des Stadtstrandes von Santa Cruz im Mai 2017. Fehlplanungen, Kostenexplosionen, Lästereien der Bevölkerung, aufgebrachte Ladenbesitzer aufgrund radikal entwendeter Parkplätze – an Spannung hat es nicht gefehlt zwischen dem Baubeginn im Oktober 2011 und der Eröffnung. Jetzt ist er also endlich fertig geworden und weckt bei vielen nach wie vor gemischte Gefühle.

Strandnixen und Wassersportler freuen sich über das weitläufige Areal von über 60.000 Quadratmetern, das sich die gesamte Meereshauptstraße entlangzieht – eine stolze Copacabana, nur mit schwarzem Sand und weniger Körperkult. Ästheten kritisieren die einfältige Gestaltung, andere schimpfen über die Verschwendung einer riesigen Fläche, die vielfältiger hätte genutzt werden können. Einen offiziellen Namen hat der neue Strand noch nicht. Spaßeshalber nannten ihn die Einheimischen »La playa de los ingenieros«, Ingenieursstrand, wegen der ständigen Verzögerungen. Einst hieß das Gebiet »Playa del Varadero«, ein Strand zum Schutz vor der starken Brandung und zum Anlegen für die Boote, die ihre Waren ins Trockene bringen mussten. 1949, angeordnet von Franco, verdrängte der Bau der Avenida Marítima die alte Strandzone. Der Wunsch nach einem Stück ursprünglichen Santa Cruz steckt sicher zum größten Teil in dem 34-Millionen-Euro-Projekt, aber beabsichtigt war auch ein sicherer Schutz vor starker Brandung und eine Aufwertung der Stadt durch neue Hotels und weitere Lockstoffe für Touristen.

Ob die Rechnung aufgeht und die bestehende Gastronomie sowie der Einzelhandel vom Strand profitieren, wird sich in den kommenden Jahren zeigen. Einstweilen genießen die Palmeros ihren neuen Hotspot, hauptsächlich die Städter, denn die kommen zu Fuß, womit ihnen die leidige Suche nach einem Parkplatz erspart bleibt. Ein echtes Problem, dessen sich die Kommune annehmen muss.

Adresse Avenida Marítima, 38700 Santa Cruz | **ÖPNV** Bus 500, Haltestelle Castillete B | **Anfahrt** LP-1, parken auf den blau markierten Parkplätzen | **Tipp** Im Restaurant »La Lonja« in der Avenida Marítima speist der Gast Gerichte der internationalen und kanarischen Küche in einem prächtigen Gebäude des 18. Jahrhunderts mit üppig begrüntem, dachlosem Innenhof und alten Holzbalkonen.

93 Die Kleiderkammer der Virgen

Schön, schön, schön sind alle meine Kleider

Die Schutzpatronin von La Palma thront auf einem Berg über Santa Cruz in einer typisch kanarischen Kirche aus Naturstein, an den Seiten weiß getüncht, mit einem Turm, dessen Glocken von einem Balkon aus geläutet werden: dem »Real Santuario Insular de Nuestra Señora de las Nieves«, dem »Königlichen Inselheiligtum unserer Lieben Frau vom Schnee«.

Die Schnee-Jungfrau wohnt im Inneren der einschiffigen Kirche, die mit ihrer dunklen Kassettendecke aus Holz und den vielen Gemälden und Votivbildern eine Atmosphäre ausstrahlt, die einen fast sofort ergreift und anrührt. Über dem Altar, der aus massiven, kunstvoll bearbeiteten Silberplatten aufgebaut ist, thront sie und strahlt mit dem polierten Silber um die Wette. Sie ist ganz klein, ein Madonnenantlitz aus dem 14. Jahrhundert, mit einem Lächeln, das an Leonardos Mona Lisa denken lässt, aber weniger geheimnisvoll, eher gütig und barmherzig wirkt. Das Sinnbild einer liebenden Mutter. Sie ist keine Schönheit, hat eher ein etwas bäuerliches Gesicht mit runder Stirn, geschwungenen Brauen, gerader Nase und ebendiesem Mund, der so lächelt, dass einem das Herz aufgeht.

Den Kontrast zur Schlichtheit ihres Gesichts bildet der wunderbar bestickte weißgrundige Umhang, der sie von Kopf bis Fuß umhüllt und viel größer macht, als das ursprüngliche Gnadenbild eigentlich ist. Wenn man das Museo Camarín, das »Umkleidezimmer« der Virgen, besucht, was wir unbedingt empfehlen, kann man im ersten Stock auf Höhe des Altarbildes ihren prächtigen Mantel von der Rückseite betrachten, dazu noch weitere Prunkumhänge und maßgeschneiderte Schuhe, Gamaschen und Kleider für sie und das Jesuskind. Es ist wie in einer Puppenstube, nur dass man nichts anfassen darf. Unzählige Votivgaben legen Zeugnis ab von den Wundertaten der Jungfrau vom Schnee.

Adresse Plaza de las Nieves 17, 38700 Santa Cruz | **ÖPNV** Bus 303, Haltestelle Las Nieves | **Anfahrt** LP-20, dann LP-101 nach Las Nieves | **Öffnungszeiten** Museum täglich 9–14 Uhr, nachmittags nur für Gruppen nach telefonischer Anmeldung (Tel. +34/922/416337) | **Tipp** Hinter dem Tunnel unterhalb der Kirche ist der Ausgangspunkt für eine Wanderung den Barranco de Madera hinauf, der mit spektakulären Wasserkanälen und begehbaren Tunneln aufwartet. Achtung: nicht nach Regenfällen betreten. Rutschgefahr und Steinschlag!

SANTA CRUZ

94 Der Mirador de los Gomeros
Die pfeifende Riesin

Es ist eine prima Idee, an besonders schönen Stellen neben der Straße Aussichtsplätze anzulegen und Künstler und Gartenexperten mit der Gestaltung zu beauftragen. Kunst und Natur kommen hier oft zusammen, und an den subtropischen Pflanzen wie Strelitzien, Drachenbäumen, Palmen, Kakteen und Wolfsmilchgewächsen sieht man sich als Gast auf der Insel nie satt. La Palma hat besonders viele dieser schönen »Miradores«. Wahrscheinlich gibt es in irgendeiner Behörde eine vollständige Liste von ihnen. Gezählt haben wir mindestens 35, die »Miradores astronómicos«, also die Sternguckerplätze, nicht eingerechnet. Und es werden immer noch mehr.

Ein besonders auffälliges Exemplar befindet sich beim Barranco de los Gomeros auf der LP-1 von Santa Cruz nach Barlovento, bei Kilometer 3,7. Der Mirador wurde zu Ehren der Immigranten aus Gomera errichtet, die in den 1950er und 1960er Jahren in größerer Zahl nach La Palma kamen, um in der Landwirtschaft, vor allem auf den Bananenplantagen, zu arbeiten und so ein Auskommen zu haben. Die 2,40 Meter hohe Bronzeskulptur, vom kanarischen Künstler Pedro David Hernández geschaffen, stellt eine kräftige Frau dar, die den Oberkörper weit nach hinten beugt, Arme angewinkelt, die Hände nahe am Gesicht. Diese seltsame Verrenkung bedeutet, dass die Frau kommuniziert, und zwar in einer Sprache ohne Worte. Der »Silbo« ist eine Pfeifsprache, die schon die Ureinwohner der Kanaren verwendeten. Sie wird nach wie vor auf Gomera gepflegt, wenn auch nicht mehr in der Sprache der Ureinwohner. Heute wird auf Spanisch gepfiffen, und zwar mittels Daumen und Zeigefinger. La Gomera hat den »Silbo« zum Schulpflichtfach gemacht, die UNESCO hat ihn zum Weltkulturgut erklärt. Er ist die lauteste bekannte Verständigungsform ohne Hilfsmittel. Lauter als Schreien oder Jodeln, mit einer maximalen Reichweite von bis zu zehn Kilometern, über Schluchten und Berge hinweg.

Adresse LP-1, 66B, 38700 Santa Cruz | **ÖPNV** Bus 100, Haltestelle Cruce Mirca | **Anfahrt** auf der LP-1 | **Tipp** Weiter nördlich an der LP-1, bei Los Galguitos, gibt es den ebenfalls sehenswerten Mirador »Jardín de Las Hespérides«, den Garten der Hesperiden, der auf die griechische Mythologie Bezug nimmt und künstlerische Anleihen bei den Skulpturen von Max Ernst aufweist.

95 Die Mühlen von Bellido
Mit Wasserkraft zum Klappern gebracht

Vier in unterschiedlichen Höhen errichtete Getreidemühlen thronen auf dem höchsten Punkt der Avenida El Puente in Santa Cruz. 152 Stufen aufwärts müssen bezwungen werden, bis man es zu ihnen geschafft hat. Der nostalgische Wanderweg LP-2.2 entlang der Mühlen der Gemeinde kreuzt an dieser Stelle. Die Mühlen von Bellido stammen aus unterschiedlichen Jahrhunderten und von verschiedenen Bauherren. Grunder der beiden ältesten und mittig errichteten war Juan Vandewalle de Cervellón Bellido, ein mächtiger Baron und Großgrundbesitzer. Über die an der Mauer der größten Mühle angebrachte Jahreszahl 1882 kann man sich etwas wundern. Bereits 1609 – unter der Bedingung der Regierung, für das Wasser zu bezahlen, das der Bevölkerung in dieser Zeit frei zur Verfügung stand – begann Bellido mit dem Bau seiner Getreidemühlen, dicht an den Wasserkanälen des Barranco del Río.

La Palma ist eine extrem steile und regenreiche Insel. Die Mahlwerke der Mühlen wurden kraftvoll von den Wasserströmen angetrieben, um Weizen und Mais fein zu mahlen, die man danach röstete und zu dem typisch palmerischen Gofiomehl vermengte – ein nahrhaftes Getreide, das auch heute in keiner Morgenmilch fehlen darf. Seit der Stilllegung der Mühlen Ende des 19. Jahrhunderts ist es ruhig geworden auf dem Hügel. Ein mosaikverziertes Tischchen oder ein Wäscheständer voller bunter Socken zeigen, dass ein paar der notdürftig instand gehaltenen kleinen Mühlenhäuschen immer mal wieder vermietet werden, meist an junge und bescheidene Lebenskünstler.

Was aus den geschichtsträchtigen Molinos werden soll, steht wie bei so vielen verlassenen und ungenutzten Gebäuden auf der Insel in den Sternen. Und wer wissen möchte, warum Bellidos Name an der Fassade mit einem V geschrieben wurde: Diesem Phänomen begegnet man öfter, denn im Spanischen werden die beiden Konsonanten identisch ausgesprochen.

Adresse Cuesta Bellido, 38700 Santa Cruz | **ÖPNV** Bus 500, Haltestelle Casas Rojas | **Anfahrt** LP-20, parken im Parkhaus Avenida El Puente oder vor dem Stadion | **Tipp** Gofio schmeckt am besten, wenn er mit Brühe (*caldo*) zu einem der Seele schmeichelnden Brei gekocht wird. Jedes Jahr nehmen Wirte an der »Ruta del Gofio Escaldado«, einem ehrgeizigen und spaßigen Wettbewerb um das beste Gofiopüree, teil (www.saboreandocanarias.com).

SANTA CRUZ

96 Die Naturkundesammlung
Der lange Arm Alexander von Humboldts

Das »Museo Insular« in Santa Cruz beherbergt eine Gemäldesammlung, eine volkskundliche Abteilung und, als Kuriosum, eine naturkundliche Sammlung. Untergebracht ist es im alten Franziskanerkloster mitten in der Altstadt, an einem kunstvoll gepflasterten Platz mit einem Brunnen, den eine Farnkugel ziert. Der Innenhof des Klosters wurde 1985 von gekrönten und ungekrönten europäischen Staatsoberhäuptern mit Orangenbäumen bepflanzt: dem spanischen Königspaar zum Beispiel, ein deutscher Bundespräsident war auch mit dabei.

Die Naturkunde-Abteilung befindet sich im ehemaligen Refektorium, dem Speisesaal der Mönche. Es sind Relikte aus dem 19. Jahrhundert, einer Zeit, in der man davon überzeugt war, man könne die Welt erfassen, indem man alle ihre Erscheinungen sammelt, studiert und katalogisiert. Was wir in dem lang gestreckten Raum sehen, sind Präparate von Wasser-, Land- und Lufttieren aus der ganzen Welt. Manche hinter Glas, andere frei stehend, sodass man sie vorsichtig berühren kann, etwa die Haut der beiden riesigen Lederschildkröten, die einen ansehen, als sprächen sie gleich zu einem, so wie die alte Morla in Michael Endes »Unendlicher Geschichte«. Das Seehundpräparat und der gigantische Mondfisch entführen uns in die Welt der Ozeane, die wir sonst nur als Taucher erleben könnten.

Zusammengetragen wurden die Exponate aus aller Welt von der palmerischen »Kosmologischen Gesellschaft«, die 1881 gegründet wurde und sich zu Ehren von Alexander von Humboldts epochalem Werk »Kosmos« benannte. 1845 bis 1862 in fünf Bänden erschienen, bildet es die Summe allen verfügbaren Weltwissens seiner Zeit ab. Humboldt war schon über 70, als er mit dem Schreiben begann, und schrieb bis ins 90. Lebensjahr. Nur der Tod setzte seiner Schreibarbeit ein Ende. Doch sein Werk fiel auf fruchtbaren Boden, und sein Arm reichte, wie man in Santa Cruz sehen kann, bis nach La Palma.

Adresse Museo Insular, Plaza de San Francisco 3, 38700 Santa Cruz, Tel. +34/922/423100 | **ÖPNV** zentrale Busstation Avenida Los Indianos | **Anfahrt** LP-1, parken auf allen blau markierten Parkplätzen in der Stadt oder im Parkhaus Avenida El Puente | **Öffnungszeiten** Mo–Sa 10–20 Uhr, So 10–14 Uhr | **Tipp** Die Plaza de España mit der Iglesia Matriz de El Salvador erlebt ihren wichtigsten Tag im Jahr während des weißen Karnevals von La Palma, wenn hier am Rosenmontag, dem »Día de los Indianos«, die berühmte »Negra Tomasa« – gespielt von einem als Frau verkleideten Mann – aus Kuba in Santa Cruz ankommt. An diesem Tag wird der Platz in »Plaza de Habana« umbenannt.

SANTA CRUZ

97 Das Plumpsklo
Von Soldaten und tiefen Schluchten

Es lohnt sich, den Mainstream zu verlassen und unscheinbare Wege einzuschlagen. Das gilt auch für einen Besuch der Kirche von Las Nieves. Vom Kirchplatz aus führt ein schmaler Steinweg rechts am Souvenirladen nach oben. Folgt man diesem und biegt nach der ersten Ecke rechts ab, steht man vor verwilderten Holztoiletten.

In welchem Jahr sie errichtet wurden, lässt sich heute schwer recherchieren. Sie dürften mehr als einige Jahrzehnte alt sein. Efeu schlängelt sich anarchisch vor dem türlosen Eingang der linken der drei Holzkabinen entlang. Die runden Öffnungen haben diese unerklärliche Anziehungskraft – mit Sicherheitsabstand späht man hinein und entdeckt, etwas enttäuscht, nur trockenes Laub statt eines tiefen schwarzen Lochs, das ins Unendliche hinabfällt. Das Dach aus Wellblech ist zwischen überspringendem Fels und Hütte eingearbeitet worden.

Wellblech war noch kein gängiges Baumaterial im 14. Jahrhundert, aber die Geschichte dieses verlassenen und stillen Örtchens führt uns in diese Zeit zurück. La Palma lag stets strategisch günstig. Auf der Handelsroute zwischen der Insel, Südamerika und Kuba wurden viele Güter wie Zuckerrohr und Tabak transportiert. Die häufigen Angriffe gieriger Piraten durch den wachsenden Reichtum konnten die neu gegründeten Milizen der Inselgemeinden nur bedingt abwehren. Festungsmauern wurden hochgezogen, ein offizieller Militärstützpunkt errichtet. Bis zum Ende des Zweiten Weltkriegs dienten die verschachtelten Gebäude oberhalb der Kirche als Herberge für Soldaten.

Ob die Männer wohl auch so dastanden wie wir heutzutage, am brusthohen Mäuerchen lehnend, das den freien Fall in den grandiosen Barranco del Río verhindert? Der Blick schweift in die breite Schlucht mit ihren stillgelegten Mühlen bis an die Küste. Am Horizont sind Segelschiffe des hiesigen Yachtclubs statt Totenkopfflaggen zu erspähen. Und das ist durchaus erleichternd.

Adresse Real Santuario de Nuestra Señora de las Nieves, 38700 Santa Cruz | **ÖPNV** Bus 303, Haltestelle Las Nieves B | **Anfahrt** LP-101 | **Tipp** Auf dem Hügel oberhalb der Kirche sind vier Kanonen aus Piratenzeiten postiert. Die zwei langen stammen von der Festung Santa Catalina und werden alle fünf Jahre zu Ehren der Jungfrau vom Schnee abgefeuert.

SANTA CRUZ

98 Das Restaurant El Casino
International speisen in würdigem Rahmen

Der Geruch von altem Holz weht einem beim Betreten des alten Casinos entgegen. Düstere, spärlich eingerichtete Fernseh- und Lesezimmer im Erdgeschoss mit dem Hinweis »Solo para socios«, »Nur für Mitglieder«. Ein älterer Mann sitzt allein, wie ein Relikt aus einer verblassten Zeit, in einen Sessel versunken und liest die Tageszeitung. Es ist ganz still.

Das Casino der Hauptstadt macht einen etwas verlassenen Eindruck. Ein richtiges Spielcasino mit Roulette- und Pokertischen war es nie, vielmehr ein Ort, an dem sich die gut betuchten, gebildeten Herren die Zeit bei Kartenspielen, Billard und politischen Diskussionen vertrieben.

Eine typisch spanische Einrichtung aus dem 19. und 20. Jahrhundert. Freien Zugang zum Restaurant im ersten Stock hat dagegen jeder, eine breite, geschwungene Treppe führt zu ihm hinauf. Charmant wirkt er, der großzügige Speisesaal mit seinem alten Holzdielenboden, den Deckenlüstern und schlanken Säulen mit maurischen Bögen, die Tische einfach und sauber eingedeckt. Flügeltüren führen an allen Seiten zu weiteren Räumlichkeiten, in denen an manchen Abenden getanzt oder gesungen wird.

Francisco Pérez Carballo hat viele Jahre seines Lebens in Venezuela verbracht, bis ihn das Heimweh auf die Insel zurücktrieb. Mitgebracht hat er viel Wissen über die internationale Küche, und nun bewirtet er seit einigen Jahren seine Gäste im Casino von Santa Cruz, weil er, wie er sagt, schon immer gerne gekocht habe. Auf der Speisekarte finden sich eher die Klassiker der kanarischen und italienischen Küche, aber Paco, wie ihn alle nennen, bereitet gerne Speisen aus aller Herren Länder zu. Auch bei der »Ruta de Tapas«, einem Wettbewerb um die beste Tapa des Jahres, tritt Paco als Wirt an, weil er Herausforderungen mag. Zuletzt gab es bei ihm eine eigenwillige und leckere Kreation aus Meeresfrüchten und hauchzartem Zicklein.

Adresse Calle Anselmo Pérez Brito 15, 38700 Santa Cruz, Tel. +34/922/430043 | **ÖPNV** Bus 500, Haltestelle Avenida Los Indianos | **Anfahrt** LP-2, parken auf allen blau markierten Parkplätzen oder im Parkhaus Avenida El Puente | **Öffnungszeiten** Di–Sa 12.30–16 und 19.30–22.30 Uhr, So 12.30–16 Uhr, Mo Ruhetag | **Tipp** In der »Sala O'Daly«, dem Kunstraum gegenüber dem Rathaus, stellen einheimische Maler, Fotografen und andere Künstler im Zwei-Wochen-Rhythmus ihre Werke aus.

SANTA CRUZ

99 Das Schiff der Jungfrau
Von Viermastern und Geisterschiffen

Das kleine Schifffahrtsmuseum erzählt Geschichten von Menschen auf dem Meer, ihren Karten und Instrumenten, ihren Schiffen und den Galionsfiguren, die deren Bug schmückten, und den Reisen, die sie unternahmen. Untergebracht ist es im Bauch eines Nachbaus der Kolumbus-Karavelle »Santa María«. Sein Rumpf ist aus Beton, und seinen wahren Zweck erfüllt es alle fünf Jahre bei der »Bajada de la Virgen«, wo auf dem Höhepunkt der Festlichkeiten der »Dialog zwischen Schiff und Burg«, gemeint ist das Castillo de la Virgen auf dem Hügel gegenüber, aufgeführt wird.

Erzählt werden auch Geschichten von fremden Schiffen, die an palmerischen Gestaden strandeten, wie der deutsche Viermaster »Pamir«, der vom Ersten Weltkrieg überrascht wurde und bis 1920 mit seiner Ladung Salpeter aus Chile im Hafen von Santa Cruz ausharren musste. Die »Pamir« überstand beide Kriege und wurde in den 1950er Jahren als Segelschulschiff eingesetzt. 1957 sank sie im Hurrikan »Carrie« südwestlich von den Azoren. Bei der Tragödie kamen 80 der 86 Besatzungsmitglieder ums Leben. Über die Hälfte waren 16 bis 18 Jahre alte Kadetten.

Und es erzählt die Geschichte der »Barcos fantasmas«, der Geisterschiffe, auf denen nach dem Spanischen Bürgerkrieg etwa 7.000 Palmeros illegal die Insel verließen und nach Venezuela emigrierten. Es waren Menschen, die während der Franco-Diktatur politisch verfolgt wurden, im Gefängnis gesessen hatten, bespitzelt wurden und sich nach Freiheit sehnten. Junge Männer, die vor dem Militärdienst flohen, und Wirtschaftsflüchtlinge, die auf der Insel kein Auskommen mehr fanden. Die schnellste Überfahrt schaffte 1950 die elegante Segelyacht »Benahoare«, die bei Fuencaliente aufbrach und schon nach 21 Tagen die venezolanische Küste erreichte. Das Schiff blieb in Übersee, die Passagiere wurden in ein Auffanglager gesteckt und die Besatzung nach Spanien zurückgeschickt, wo sie im Gefängnis landete.

Adresse Museo Naval – Barco de la Virgen, Avenida de Las Nieves s/n, 38700 Santa Cruz, Tel. +34/922/416337 | **ÖPNV** Bus 101, 102, 302, Haltestelle Barco de la Virgen | **Anfahrt** LP-1 | **Öffnungszeiten** Mo–Fr 10–17 Uhr, Sa, So 10–14 Uhr | **Tipp** Wenn Sie den Hügel mit dem Castillo de la Virgen noch ein kleines Stück weiter hinaufgehen, erreichen Sie mit dem Platz vor der Iglesia de la Encarnación eine wunderbare Aussichtsterrasse mit Blick über Stadt, Strand und Hafen mit den großen Kreuzfahrtschiffen. Cuesta la Encarnación 11, Santa Cruz.

SANTA CRUZ

100 Der Schuster von Santa Cruz
Geschichten aus dem Nähkästchen

Don Osvaldo de la Cruz Barrientos ist ein kleiner, schlanker Mann mit Brille, Schnauzbart und Halbglatze und mit einem beeindruckenden Namen. Auf kleinstem Raum in einer schmalen Seitenstraße der Inselhauptstadt bewegt sich der Kubaner zwischen seinem Arbeitstisch und einer alten mechanischen Nähmaschine und arbeitet fleißig tagaus, tagein, sogar sonntags. Nur ab und zu verlässt er seine Stube, um einen *cortado* in der Bar gegenüber zu trinken. »Vuelvo en cinco minutos« – »Bin in fünf Minuten zurück«, steht dann auf einem Schild an seiner Tür.

Ursprünglich hat Señor de la Cruz in Havanna studiert, bevor er später eine Schreinerei eröffnete. Danach wurde er Schuhdesigner, war Vorsitzender im Schachclub und ging irgendwann als Seemann zur Marine. Als es ihn eines Tages nach La Palma verschlug, übernahm er die alteingesessene Schusterei in der Hauptstadt, handwerkliches Geschick brachte er ja mit. Sein Stolz und echtes Schmuckstück ist eine Singer-Nähmaschine, 90 Jahre ist sie angeblich alt. Auf ihr sollen schon Uniformen für deutsche Soldaten genäht worden sein. Wie sie dann nach Kriegsende auf die Insel kam, bleibt aber im Dunkeln. Bei milden kanarischen Temperaturen arbeitet sie jetzt treu und zuverlässig weiter, Stich für Stich, unverwüstlich. Don Osvaldo dreht an ihrem Rad und tritt auf die Pedale, um Ledertaschen zu flicken, Reißverschlüsse in Jacken einzunähen oder Schuhriemen zu reparieren, schnell und sehr preiswert. Alle fertigen Aufträge werden dann in Plastiktüten verpackt und an Hakenleisten an die Wände gehängt, bereit zur Abholung.

Ein wenig düster schaut er drein, der Schuster von La Palma. Vielleicht kommt es daher, dass er fast taub ist und er seine Frau nur einmal im Jahr wiedersieht, wenn er nach Kuba reist. Aber, so lautet sein persönliches Fazit, das Leben meint es doch ganz gut mit ihm.

Adresse Calle Álvarez de Abreu 62, 38700 Santa Cruz, Tel. +34/662/209848 | **ÖPNV** Bus 500, Parada Sur | **Anfahrt** LP-2 | **Öffnungszeiten** Mo–Sa 9–14 und 15.30–20 Uhr, So 9–13 Uhr | **Tipp** Nur nicht auf die Kalorien achten: Frisch ausgebackene *Churros* (ein Schmalzgebäck), in heiße Schokolade getaucht, gehören zur spanischen Lebensqualität. »La Churrería« ist eine Institution in Santa Cruz. Calle Álvarez de Abreu 18, geöffnet Di–Fr 17.30–21.30 Uhr, Sa, So und Feiertage 7.30–11.30 Uhr.

SANTA CRUZ

101 Das Stadion Silvestre Carrillo

Spitzenfußball auf dem Dach

Das Fußballstadion »Silvestre Carrillo« wirkt erst einmal wie viele andere: ein Spielfeld, treppenartige Ränge, Flutlichtanlagen, Umkleidekabinen und ein Vereinsheim mit großen Fensterfronten, nahe beim Platz gelegen. Dennoch hat es die Arena auf die Liste der zehn kuriosesten Stadien weltweit geschafft: Es liegt auf dem Dach eines Einkaufszentrums im Barranco de los Dolores am höchsten Punkt der Avenida El Puente.

Die Arena in ihrer Urform existiert seit den 70ern und ist das Zuhause des »Club Deportivo Mensajero«, des zweitältesten Fußballvereins von Santa Cruz, der 1924 gegründet wurde. In seinen Anfängen kickten die Spieler noch auf karger Erde, die Modernisierung des Stadions kam mit dem Aufstieg des Vereins in die 2. División B. 1999 startete eine groß angelegte Erweiterung. Tribünen für 6.000 Zuschauer wurden geschaffen, Kunstrasen angelegt und ein vierstöckiger Gebäudekomplex im unteren Teil des Stadions gebaut. Großzügige Gelder flossen vor allem aus den Taschen des Politikers Silvestre Carrillo, der zum Namensgeber des Stadions wurde. Stolze acht Jahre sollten bis zur Wiedereröffnung 2007 vergehen.

Die originelle Konstruktion der Anlage lockte 2015 Fußballlegende Zinédine Zidane auf die Insel. Ein Wochenende trainierte er seine Mannschaft Real Madrid Castilla auf dem heiligen Rasen und fand lobende und stärkende Worte für die Mensajeros, die einige Jahre in der 3. Liga herumkrebsten. Beim Heimspiel gegen den Erzrivalen SD Tenisca, dem zweiten Verein der Stadt, kochen die Emotionen hoch wie bei einer Begegnung zwischen Bayern München und 1860 München, wenn auch in kleinerer Größenordnung. Längst vergessen ist auch die fehlgeschlagene Idee mit dem Einkaufszentrum in den unteren Etagen – dieses öffnete nicht einen einzigen Tag seine Türen und döst seit Jahren, mit großer innerer Leere, vor sich hin.

Adresse Avenida El Puente 10, 38700 Santa Cruz | **ÖPNV** Bus 500, Haltestelle Casas Rojas | **Anfahrt** über die Umgehungsstraße LP-20 | **Öffnungszeiten** ganzjährig zugänglich | **Tipp** Wenn Sie ein Wett-Typ sind: »Tajurgo« in der Calle Anselmo Pérez de Brito ist die Annahmestelle für spanisches Lotto und staatliche Sportwetten. Beim Losverkäufer vor der Tür kann man Rubbellose für den ewig erhofften, wenn auch unwahrscheinlichen Geldsegen erstehen.

102 Das Teatro Cine Chico
Ein neues Zuhause für den Film

Ein klein bisschen peinlich war es schon für Santa Cruz, als es einige Jahre kein Kino mehr gab. In der Inselhauptstadt! Als das Kino, damals noch in der Avenida El Puente, nicht mehr so richtig gefragt war und ein bisschen hätte aufgefrischt werden müssen, da blieb der Geldhahn der Stadt konsequent zugedreht. Manche munkeln, das hätte an der politisch nicht opportunen Gesinnung des Betreibers Fernando Morales gelegen. Was auch immer geschehen sein mag, La Palmas Cineasten durchschritten ein sehr dunkles, tiefes Tal der Tränen.

Doch irgendwann wurde getuschelt, dass das Kino wieder eröffnet würde, und zwar im stillgelegten Theater hinter der Markthalle. Das hatte nach der Neueröffnung des viel größeren »Teatro Circo de Marte« lange Zeit leer gestanden. Irgendwann gingen die Renovierungsarbeiten und Umbauten dann tatsächlich los. Die Sitze bekamen ein neues Gewand aus rotem Samt, eine Leinwand wurde auf der ehemaligen Bühne montiert, ein Kiosk für Popcorn, Chips und anderen notwendigen Kino-Proviant gezimmert. Noch ein neuer Anstrich, und aus dem ehemaligen Teatro Chico, dem »kleinen Theater«, wurde das »Cine Chico«. Im Sommer 2014 dann das erste offizielle Filmplakat: »Planet der Affen« war der Auftakt der neuen Kino-Ära und das Ende einer langen Durststrecke. Ein bisschen gebangt haben Fernandos treue Anhänger schon die erste Zeit, aber das Kleine Kino funktioniert. Und das liegt bestimmt auch an seinem besonderen Theaterflair. In welchem Kinosaal kann man schon oben auf dem Balkon sitzen? Nach den Vorstellungen gehen die Lüster an, das Popcorn am Boden wird zusammengefegt, draußen wartet schon eine Schlange Besucher auf die nächste Vorstellung. Besondere Filmtage gibt es auch, und manchmal wird die Leinwand aufgerollt und die Bühne geräumt für Konzerte oder Theateraufführungen. Dann wird aus dem Cine Chico wieder, für kurze Zeit, ein Teatro Chico.

Adresse Calle Díaz Pimienta 1, 38700 Santa Cruz, Tel. +34/639/993168 | **ÖPNV** Bus 500, Haltestelle La Recova | **Anfahrt** LP-2, parken auf allen blau markierten Flächen oder im Parkhaus Avenida El Puente | **Öffnungszeiten** Mo–So 17–23.30 Uhr | **Tipp** Die einzige öffentliche Theater-Bibliothek der Kanaren befindet sich gleich gegenüber dem Teatro Circo de Marte in der Calle Virgen de la Luz 8, Tel. +34/922/420007. Die Öffnungszeiten sind angeschlagen.

SANTA CRUZ

103 Der Zwerg
Wo Klein Napoleon Polka tanzt

Dass Napoleon ein kleiner Mann gewesen sein soll, ist eine Propaganda seiner Feinde. Tatsächlich maß er 1,68 Meter und war damit für seine Zeit durchschnittlich groß. Auf La Palma waren als Napoleon verkleidete Zwerge 1833 das erste Mal zu sehen, und zwar zusammen mit Riesen und Großköpfen auf einer Fronleichnams-Feierlichkeit. Und da alle sie an ihren großen Hüten gleich als kleine Franzosen erkannten und sie so schön tanzen konnten, dürfen sie seit 1905 bei der alle fünf Jahre gefeierten »Bajada de la Virgen« auftreten. Bei diesen wochenlangen Feiern anlässlich des Umzugs der Jungfrau vom Schnee von ihrer Heimatkirche hinunter nach Santa Cruz durchtanzen die Zwerge unter begeisterter Anteilnahme der Bevölkerung die ganze Nacht auf ihren kurzen Beinchen.

Doch wie verwandeln sich ausgewachsene Männer – denn obwohl sich auch Frauen bewerben, wurden bisher immer nur Männer auserwählt – in kleinwüchsige »Enanos«? Dieses Geheimnis wurde von Generation zu Generation unter Androhung der Höchststrafe bei Verrat gehütet. Nun hat ausgerechnet der Inselrat selbst, also die oberste Verwaltung, gegen dieses Gesetz verstoßen und das Innenleben eines Enanos auf einer Zeichnung präsentiert, die in den Nachrichten verbreitet wurde. Darauf sieht man … nun, eben das vermutete Innenleben. Ein Aufschrei ging durch ganz La Palma. Und warum der Verrat? Weil man als Inselrat quasi sein Patent auf dieses palmerische Symbol bekräftigen wollte. Nun geht bei den Souvenir- und Schmuckhändlern, die mit dem Zwerg ihr Geld verdienen, die Angst um, dass sie irgendwann einen Zehnten davon abdrücken sollen.

Das betrifft nicht den Enano auf der Alameda, denn der ist unverkäuflich und unverrückbar. Der Künstler Luis Morera hat ihn in Bronze gegossen und direkt vor dem Nachbau von Kolumbus' Karavelle »Santa María«, hier »Barco de la Virgen«, Schiff der Heiligen Jungfrau, genannt, aufgestellt.

Adresse Plaza de la Alameda, 38700 Santa Cruz | **ÖPNV** Bus 301, 302, Haltestelle Barco de la Virgen | **Tipp** Am »Quiosco de la Alameda«, einem maurisch anmutenden weißen Pavillon zwischen Palmen, Lorbeerbäumen und Araukarien, lässt es sich vortrefflich sitzen, einen *cortado* oder eine *caña*, ein kleines Bier, trinken und den Leuten beim Flanieren zusehen.

TAZACORTE

104 — Der Friedhof
Ewige Ruhe im botanischen Garten

Don José Miguel de Sotomayor, Politiker und Abgeordneter, spendete der Gemeinde Tazacorte Anfang 1901 ein großzügiges Areal für den Bau eines Friedhofs, einer Ruhestätte für alle Verstorbenen, unabhängig von ihrem Glaubensbekenntnis. Ein Stück außerhalb von Tazacorte, Richtung Puerto Naos, liegt er, ein idealer Standort mit etwas Distanz zur Zivilisation, aus hygienischen Gründen.

Die Palmeros sind zu Recht stolz auf den »schönsten Friedhof der Insel«, der wegen Geldknappheit einige jahrelange Baustopps erlitt und nur durch die ehrenamtliche Schufterei vieler Helfer entstehen konnte. Eine holprige Allee mit hohen Kiefern führt zu den Toren, zwei stattliche Palmen ragen links und rechts vom Eingang neben der kleinen Kapelle empor. Sie sind über 100 Jahre alt. An den Vormittagen plagen sich die Arbeiter der Kommune mit dem Beschnitt der Bäume herum, der Leiterwagen passt gerade mal so durch die schmalen, akkurat angelegten Gassen. Auch sonst wird viel Arbeit in die Pflanzenpflege gesteckt. Bunte Blattgewächse, mannshohe Bambusse, Baumheide und Palmen wachsen in Reih und Glied, unterteilen den Friedhof und sorgen auf dem weitläufigen Gelände für Struktur. Ein mächtiger Gummibaum ruht im oberen Teil des Parks. Hier ist über Jahrzehnte ein echter botanischer Garten entstanden.

Gräber findet man auf dem Boden kaum, dafür ist die Erde zu steinig. Außer ein paar wenigen Holzkreuzen und einem noblen Familiengrab einflussreicher Bananenbarone werden die meisten Toten in langen Mauern beigesetzt, vertikalen Grabstätten, liebevoll gepflegt von den Hinterbliebenen oder auch vergessen und verwahrlost.

Auf die Frage nach der ungefähren Anzahl der besetzten Nischen in den Mauerwerken winkt der Friedhofswärter nur ab: Die schöne Anlage ist als letzte Ruhestätte so beliebt wie ein Wohnsitz im angesagten Szeneviertel einer Großstadt.

Adresse Cementerio Municipal, Calle San Borondón 71C, 38779 Tazacorte | **ÖPNV** Bus 209 ab Los Llanos, Haltestelle San Borondón | **Anfahrt** LP-3 | **Öffnungszeiten** Mo–So 8–21 Uhr | **Tipp** Zu Lebzeiten gut unterkommen kann man im Ferienhaus »Casa Monarca« in Las Manchas, einem ökologischen Ferienhaus mit autarker Energieversorgung und einer Monarchfalterzucht (www.casamonarca-lapalma.com).

TAZACORTE

105 Das Gold von San Miguel

Transformierte Bananen

Gehören Sie auch zu den Menschen, die sich schütteln, sobald sie an getrocknete Bananen denken? Diese fiesen gelben Chips, die in unseren Müslis herumdümpeln und nur hergestellt werden, um uns den Morgen zu vermiesen? Eine sehr erfolgreiche Rettungsaktion für traumatisierte Geschmacksnerven führt Ulrico Schena durch. Der Italiener, der La Palma zu seiner neuen Heimat erkoren hat, dehydriert Bananen auf eine besondere Weise und versetzt sie in ganz andere – und viel feinere – Zustände als die gewohnten.

Dabei kam er durch Zufall auf seine Geschäftsidee. Bis zu seinem Quereinstieg betrieb der ehemalige Rennradprofi nämlich einen Fahrradverleih. Bis ihm eines Tages auf einem Markt eine gedörrte Banane zum Probieren angeboten wurde, damals noch heimlich unter dem Verkaufstisch, denn die Angst vor den Revisoren vom Gesundheitsamt ging um und ließ die Leute vorsichtig werden. Für den Schwarzhandel viel zu schade, dachte Ulli und startete seine ersten Experimente, konstruierte einen eigenen Ofen zum Trocknen und mietete schließlich eine gut ausgestattete Fabrik in El Paso an, in der es inzwischen bis ins Fundament köstlich süß duftet. Die Bananen selbst bezieht er aus biologischem Anbau. Das sind in der Regel jene, die den europäischen Schönheitsidealen nicht entsprechen. Dafür dürfen sie noch ein bisschen länger unter der kanarischen Sonne reifen. Das Übrige erledigt dann das besonders langsame Trocknen bei niedriger Temperatur über mehrere Tage. So können sich die Aromen noch einmal extra kräftig entfalten.

Ein paar Wochen im Jahr gibt es Mangos und Erdbeeren, die auf die gleiche Weise getrocknet werden und den gleichen Suchtfaktor haben. Die Aromabomben gibt es in La Palmas Bio- und Feinkostläden zu kaufen. Und wer es nicht auf die Insel schafft, dem schickt Ulli das »Gold von San Miguel« auch über den Atlantik bis nach Hause.

Adresse San Borondón 64, 38770 Tazacorte | **ÖPNV** Bus 207, Haltestelle La Marina | **Anfahrt** LP-213 | **Öffnungszeiten** Besuch nach telefonischer Vereinbarung | **Tipp** In der Ortschaft La Punta auf der Westseite führt Marion Deuter einen kleinen Laden mit hausgemachten Vollkornbroten und ausgesuchten Inselspezialitäten. Wenn Marion gerade nicht da ist, gilt Einkauf auf Vertrauensbasis: Selbstbedienung und Geld ins Körbchen (La Punta 9, 38780 Tijarafe, täglich bis 20 Uhr geöffnet, www.gockelbrot.de).

106 Das Haus der Zuckerbarone

Monteverde und die Märtyrer

Die Casa Monteverde ist eines der ältesten Häuser La Palmas, erbaut Anfang des 16. Jahrhunderts. 1492, in dem Jahr, als Kolumbus Amerika entdeckte, erreichte ein anderer Spanier, Alonso Fernández de Lugo, die Insel, rang den Widerstand der Ureinwohner nieder und nahm sie in Besitz. Das fruchtbare Aridanetal und die Wassernutzungsrechte in der Caldera de Taburiente teilten einige reiche Familien unter sich auf und begannen mit dem Zuckerrohranbau, in dem auch Sklaven arbeiteten. Die Welser, wie die Fugger eine superreiche Familie aus Augsburg, kauften alles auf, um es 1513 an einen Kölner Kaufmann weiterzuveräußern, dessen Neffe Jakob Groeneberg alias Don Jácome de Monteverde auf der Insel lebte und im 16. Jahrhundert das Haus mit Blick aufs Meer errichtete, denn von dort kam nicht nur Gutes auf die Insel.

Im Juli 1570 beherbergten die Monteverdes 40 Jesuitenpater in ihrem Haus, die auf der Reise von Lissabon nach Brasilien hier aus Angst vor Piraten Schutz suchten. Als sie am 15. Juli 1570 die Weiterfahrt wagten, wurden sie an der Südspitze der Insel von protestantischen Piraten unter dem Kommando von Jacques de Sores überfallen, der es primär auf die Waren für die Brasilienmission abgesehen hatte. Alle 40 Jesuiten, die meisten blutjunge Männer, wurden ermordet oder lebend über Bord geworfen. 1854 sprach die Kirche sie selig.

Seine letzte Messe feierte Inácio de Azevedo, der älteste der Jesuiten, in der Kirche Nuestra Señora de las Angustias am Ausgang des Barranco de las Angustias. Dort werden bis heute Reliquien der Märtyrer aufbewahrt und verehrt. Vor den beiden Leuchttürmen von Fuencaliente hat man 40 Betonkreuze zu ihrem Andenken im Meer versenkt. Taucher können die Stelle in circa 16 Metern Tiefe leicht auffinden. Und beim alten Leuchtturm steht seit 2014 ein Steinkreuz mit allen 40 Namen zum Gedenken an die »Mártires de Tazacorte«.

Adresse Calle Miguel de Unamuno s/n, 38770 Tazacorte | **ÖPNV** Bus 100 und 207, Haltestelle Iglesia San Miguel | **Anfahrt** LP-2 bis Tazacorte, Parkmöglichkeit an der LP-2, Plaza de España | **Öffnungszeiten** nur von außen zu besichtigen | **Tipp** Am Ende der Calle Pérez Galdós kommt man zu den alten Waschplätzen, wohin das Wasser aus der Caldera über einen Aquädukt geleitet wurde. Heute arbeiten Kunsthandwerker in dem Gebäude der Lavaderos und verkaufen dort auch ihre Erzeugnisse.

TAZACORTE

107 Die modernen Walfänger
Von Meeressäugern und Galeeren

Ist ein Schiff ein Ort? Na klar. Man kann ihn aufsuchen und wieder verlassen. Heimathafen der modernen Walfänger ist der Hafen von Tazacorte, und sie sind das ganze Jahr über im Einsatz. Die »Bussard« war in ihrem früheren Leben ein Fischkutter auf der Nordsee, der auf den Namen »Friedrichskoog« hörte. Die »Inia« ist gelb, aber keine Banane, sondern ein hochseetaugliches Schlauchboot für zehn bis zwölf Personen, mit dem die Kapitäne und Guides von »Ocean Explorer« zweimal täglich hinausfahren, um Menschen mit Delphinen und Walen für eine flüchtige, aber nachhaltige und berührende Begegnung zusammenzuführen. Das geschieht in Sichtweite der Küste, und die Erfolgschancen liegen bei etwa 90 Prozent.

Nicht garantieren können die Anbieter, welche Tiere man auf der Ausfahrt sehen wird. Wale stehen ganz oben auf der Wunschliste, und es wurden auch schon Pottwale gesichtet, die 12 bis 30 Meter lang und bis zu 50 Tonnen schwer werden können. Außerdem 12 bis 14 Meter lange Brydewale und kleinere Pilot- und Grindwale, die eigentlich in kälteren Gewässern zu Hause sind, aber mitunter auch vor den Kanaren auftauchen. Großen Meeresschildkröten kann man begegnen oder der Portugiesischen Galeere. Über Wasser sieht man nur ihre lila schimmernde Gasblase, die sie wie ein Segel zum Navigieren nutzt. Schlimm sind die meterlangen Tentakel, die unter Wasser treiben und ein Nervengift absondern. Also lieber nicht anfassen.

Was fast immer klappt, ist das Zusammentreffen mit verschiedenen Arten von Delphinen und Tümmlern, und es ist jedes Mal herzerwärmend, wie die Tiere sich dem Boot spielerisch nähern, es flankieren, darunter durchtauchen, wie Pfeile aus dem Wasser schnellen und wieder abtauchen, wenn sie genug haben. Eine Begegnung von Mensch und Tier in Freiheit und auf Augenhöhe. Und ein einmaliges Erlebnis. Warnung: Exzessives Starren aufs Wasser und Fotografieren kann leicht zu Seekrankheit führen.

Adresse Muelle deportivo, 38779 Puerto de Tazacorte, Tel. +34/644/161003, www.oceanexplorer.es | **ÖPNV** Bus 100 und 207 nach Tazacorte, Haltestelle Tarajales | **Anfahrt** LP-3, dann LP-2 bis zum Hafen von Tazacorte | **Öffnungszeiten** ganzjährig täglich 10–18 Uhr | **Tipp** Anhänger der Freikörperkultur sind am Strand von Tarajales, zwischen Hafen und Hauptstrand, genau richtig. Duschen sind vorhanden.

108 Die Plaza de Simón Guadalupe

Das tägliche Herrenkränzchen

Auf der Plaza de Simón Guadalupe, gleich unterhalb der Kirche des Erzengels Michael, San Miguel Arcángel, im Zentrum Tazacortes gelegen, geht es maskulin zu. Eine kleine Treppe an einer Eckkneipe führt hinab zur »Plaza de la Vica«, wie der Platz auch oft genannt wird. Der süße Geruch von Zigarrenrauch liegt in der Luft. Die gelben Plastikstühle des Lokals und die Bänke, die den Platz umgeben, sind von älteren Herren besetzt. Viele von ihnen sind Bewohner der Seniorenresidenz, die auch an dem Platz liegt. An den Vormittagen trifft man sich, um sich die Zeit mit Domino- oder Kartenspielen zu vertreiben, bis das Mittagessen fertig ist. Als junge Señorita wird man erfreut herbeigewunken und eingeladen, einen Blick über die Schultern auf die Spieltische zu werfen. Während die einen zocken, sitzen andere einfach still und für sich in der Sonne, in die Jahre gekommene Machos mit Schliff, die Vorübergehenden freundlich grüßend.

Die Mitte des Platzes schmückt ein von Pflanzen gesäumtes, langes Becken mit einem Marmorbrunnen an einem Ende. Kleine, prächtige Löwenköpfe spucken unentwegt Wasser aus seiner Mitte in eine bauchige Schale, im Hintergrund steht, auf einem Marmorsockel, die Büste des Don Manuel Cornelius Morales Pérez. Der angesehene Mediziner und Chirurg setzte sich als junger Mann 1928 engagiert gegen einen heftigen Ausbruch der Beulenpest in Tazacorte ein – was ihn mit Simón Guadalupe, Namensgeber des Platzes, verbindet: Auch Guadalupe war Arzt, der für bessere hygienische Standards in den Bananenfabriken kämpfte. Dadurch konnte die Seuche, die dreimal auf La Palma ausbrach, endgültig gestoppt werden.

Das hübsche Plätzchen in Tazacorte ist also ein Treffpunkt wahrer Helden, sowohl berühmter als auch unbekannter. Bleibt nur noch die Frage, wo eigentlich all die Doñas sind. Wahrscheinlich zu Hause, sich die Hosen anziehend und ihren Mann stehend.

Adresse Plaza de Simón Guadalupe, 38770 Tazacorte | **ÖPNV** Bus 100, Haltestelle Iglesia San Miguel | **Anfahrt** LP-2, parken an der Plaza de España oder Calle del Puerto | **Tipp** Am 29. September findet das große Fest zu Ehren des Erzengels Michael, Kirchenpatron und Schutzheiliger der Stadt und des Hafens, statt. Höhepunkt ist der Tanz der »Caballos Fufos«, der fauchenden Pferde. 20 Pferde, mit farbigem Papier verkleidete Rohrgestelle, tanzen durch die Straßen.

TAZACORTE

109 Die Sonnenuntergangsterrasse

Ein Drink oder eine Partie Domino

Die Ostseite der Insel hat die schönsten Sonnenaufgänge, der Westen die besten Sonnenuntergänge. Prädestiniert als Aussichtsterrasse ist die Promenade an der Avenida de la Constitución in Tazacorte. Parken, rechtzeitig einen Platz in einem der Terrassencafés ergattern, einen Drink bestellen und zusehen, wie die Sonne in Zeitlupe ins Meer gleitet und ihr flacher Schein die bunten Häuser an der Avenida aufglänzen lässt wie in Gold gebadet. Der Mojito, die Sangría, das Glas Wein oder das kühle Bier schmecken derart angestrahlt noch einmal so gut.

Zwischen Terrasse und Meer ziehen sich die Bananenplantagen hinunter bis zum Hafen, dazwischen wiegen mächtige Dattelpalmen ihre Kronen im leichten Abendlüftchen. Früher waren hier Baumwoll- und Zuckerrohrplantagen, in denen zu Beginn der spanischen Kolonisation auch Sklaven aus Schwarzafrika zur Arbeit gezwungen wurden. Schon bald wurde die Sklaverei auf La Palma offiziell abgeschafft. Die Quasi-Leibeigenschaft der besitzlosen Arbeiter existierte jedoch sehr lange weiter. Das für die Plantagen nötige Wasser wurde über einen Aquädukt vom Fluss Taburiente in das Viertel El Charco unterhalb der Aussichtsterrasse gebracht, von dem heute noch Reste zu sehen sind. Dort befanden sich auch die öffentlichen Waschplätze. Die Gassen sind heute nach spanischen Schriftstellern benannt. Dort befinden sich auch das Bananen- und das Mojomuseum. Außerdem das sehr schöne Hotel »Hacienda de abajo«, dessen Zimmer alle individuell mit echten Antiquitäten und Gemälden eingerichtet sind. Zum Hotel gehört ein für jedermann zugängliches gehobenes Restaurant, in das man nach dem Aperitif auf der Promenade ohne große Wege zum feinen Abendessen wechseln kann.

Und wie war das mit der Partie Domino? Dazu müssten Sie sich in das Untergeschoss der Aussichtspromenade begeben, in dem sich die Männer gerne zum Spielen treffen. Vielleicht dürfen Sie ja mitmachen.

Adresse Avenida de la Constitución, 38770 Tazacorte | **ÖPNV** Bus 100 und 207 nach Tazacorte, Haltestelle La Avenida | **Anfahrt** LP-3, dann LP-2, Parkmöglichkeit an der Plaza de España | **Tipp** Das Bananenmuseum liegt sehr passend inmitten von Bananenplantagen und einem schön angelegten kleinen Park mit Springbrunnen und schattigen Sitzplätzen. Hier erfahren Sie alles, was Sie je über die kanarische Banane wissen wollten. Calle Miguel de Unamuno 13, geöffnet Mo–Fr 16–18 Uhr, Sa 10–13 Uhr.

TIJARAFE

110 Die Calle Adiós
Die Abschieds- oder Wiedersehensstraße

Tijarafe ist ein alter Gemeindename aus vorspanischen Zeiten, der bis in unsere Tage unverändert geblieben ist. Das historische Zentrum von Tijarafe, »El Pueblo«, »Dorf«, genannt, hat nur ganz wenige Straßen, kann jedoch mit etwas Einmaligem aufwarten: einer »Calle Adiós«. Die »Auf-Wiedersehen-Straße« ist ein kurzes, steiles Gässchen, das heute hinunter zur Hauptstraße und zum Rathaus der Gemeinde Tijarafe führt. An der alten Plaza de la Paz lag früher jedoch der Friedhof des Ortes. Und dorthin führt die Calle Adiós, wo die Lebenden die Toten zum Friedhof trugen und von ihnen Abschied nahmen. Oder Auf Wiedersehen sagten, je nachdem, wie man es sehen will. Im spanischen Abschiedsgruß »adiós« steckt noch mehr drin, Gott nämlich: dios. Der Gruß ist eine Abkürzung der alten Formen: *A Dios te encomiendo* – Ich empfehle dich Gott – oder *A Dios encomiendo tu alma* – Ich empfehle deine Seele Gott.

Schon der bekannten kubanischen Schriftstellerin Dulce María Loynaz fiel die Besonderheit dieses Straßennamens bei einem Besuch der Gemeinde auf, und sie schrieb über ihre Erinnerung daran in einem Brief, der heute auf eine Hauswand in der Calle Adiós übertragen ist. Der Name ist der Straße geblieben, auch wenn der Friedhof wegen des Bevölkerungswachstums und aus Hygienegründen später außerhalb des Ortskerns verlegt wurde.

Wenn Sie schon einmal in das Dorf aufgestiegen sind, gehen Sie am besten bis zum großen Platz vor der Kirche Nuestra Señora de la Candelaria hinauf, von wo Sie einen schönen Blick über die bunt gestrichenen Häuser des alten Ortskerns haben, von oben ganz indiskret in Innenhöfe hinein- und weit aufs Meer hinaussehen können. Dort unten, an der Steilküste, befinden sich die Schmugglerhöhle Candelaria sowie die Höhle Cueva Bonita, die nur vom Wasser aus zugänglich ist. Die Wege nach unten sind extrem steil und ohne Allrad nur zu Fuß zu empfehlen.

Adresse Calle Adiós, 38780 Tijarafe | **ÖPNV** Bus 100 ab Los Llanos, Haltestelle Centro Tijarafe | **Anfahrt** LP-1, Parkmöglichkeit vor dem Rathaus | **Tipp** In einer Kurve der Hauptstraße befindet sich die Bar »El Diablo«, deren Hauptfigur nur dem Namen nach der Teufel ist. Der Star aller Gäste, die hier eine der Tapas vom Tresen probieren oder ein Bierchen im vorgekühlten Glas genießen, ist Lollo, der kleine grüne Papagei, der gerne seinen Käfig verlässt, um sich Pommes frites oder ein Päckchen Zucker zu stibitzen.

TIJARAFE

111 Der Turm von El Time
Eiserner Wächter am Calderarand

Eigentlich hat man vom Turm von El Time einen phantastischen Blick über die Caldera, in den Barranco de las Angustias und nach Los Llanos. Manchmal jedoch wabern Nebelschwaden über die Felsabstürze, und der Wanderer findet sich plötzlich eingeschlossen in eine dichte graue Masse, die ihm die Orientierung raubt. Hat er gerade noch die Küstenlinie und den Verlauf der Cumbre, des zentralen Bergrückens der Insel, deutlich erkannt, so tastet er sich nun vorwärts und hofft, die nächste Wegmarkierung nicht zu verpassen. Zum Glück ist die »Traviesa«, die Traversale LP-10, die von Torre del Time nach La Mata im Norden führt, deutlich gelb-weiß markiert. Auf ihr gelangt man von El Pinar zwei bis drei Barrancos querend hinauf zur Torre auf 1.160 Höhenmetern.

Die Torre del Time – gesprochen wie geschrieben: *Ti*-me, hat mit dem englischen »time« nichts zu tun – liegt fünf Kilometer und 650 Höhenmeter weiter nördlich vom damit nicht zu verwechselnden Mirador von El Time, der an der Hauptstraße nach Tijarafe liegt. Der Turm, eine Stahlkonstruktion, die ein wenig aussieht wie eine Miniaturausgabe des Berliner Funkturms, hat eine wichtige Funktion: Er dient als Feuerturm, der die Caldera und ein weites Gebiet darum herum mit menschlichen und Kamera-Augen überwacht. Selbst bei Nebel ist der Turm besetzt, denn Waldbrände richten auf La Palma leider immer wieder große Schäden an. 2017 standen auf den Kanaren 1.698 Feuerwehrmänner, neun Hubschrauber und 227 Einsatzfahrzeuge zum Schutz der fünf Inseln mit Waldbestand zur Verfügung. La Palmas Beitrag dazu sind 185 Männer und 42 Fahrzeuge. Eine Brandschutzmaßnahme ist auch das Anlegen von befahrbaren Forststraßen für die Einsatzkräfte. Auf einer solchen können Sie Ihre Wanderung als Rundweg gestalten und durch einen dichten Pinienwald nach El Pinar zurücklaufen. Abkürzungen für Fußgänger zweigen gut sichtbar von der am Ende betonierten Straße ab.

Adresse Torre del Time, 38780 Tijarafe | **ÖPNV** Bus 100 ab Los Llanos, Haltestelle El Time oder La Punta, Aufstieg zu Fuß | **Anfahrt** mit dem Pkw über die LP-1, zwischen La Punta und El Jesús auf dem Camino los Barreros den Hang hinauf, dann den Camino la Barbilla bis El Pinar / Cruz del Llano | **Öffnungszeiten** ganzjährig zugänglich | **Tipp** Von Cruz del Llano zweigt ein beschilderter Weg ab zur Fuente Trajocade, einer bis ins 20. Jahrhundert hinein für Tijarafe sehr wichtigen gefassten Quelle. Sie liegt sehr idyllisch in einem Pinienwald, circa 15 Minuten von Cruz del Llano entfernt.

3

Dorothee Fleischmann,
Carolina Kalvelage
111 Orte in Budapest, die man gesehen haben muss
ISBN 978-3-95451-744-2

Carl Lang
111 Orte auf Fuerteventura, die man gesehen haben muss
ISBN 978-3-7408-0132-8

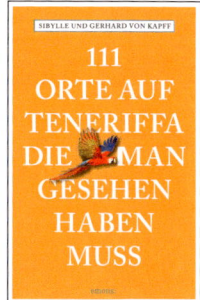

Sibylle von Kapff, Gerhard von Kapff
111 Orte auf Teneriffa, die man gesehen haben muss
ISBN 978-3-95451-916-3

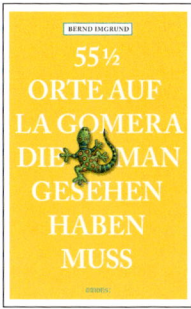

Bernd Imgrund
55 ½ Orte auf La Gomera, die man gesehen haben muss
ISBN 978-3-95451-700-8

Rüdiger Liedtke
111 Orte auf Mallorca, die man gesehen haben muss
ISBN 978-3-89705-975-7

Giulia Castelli Gattinara, Mario Verin
111 Orte in Mailand, die man gesehen haben muss
ISBN 978-3-95451-617-9

Cornelia Ziegler, Chris Sindermann
111 Orte auf Kreta, die man gesehen haben muss
ISBN 978-3-95451-540-0

Dorothee Fleischmann, Carolina Kalvelage
111 Orte an der Costa Brava, die man gesehen haben muss
ISBN 978-3-95451-561-5

Ralf Nestmeyer
111 Orte an der Côte d'Azur, die man gesehen haben muss
ISBN 978-3-95451-563-9

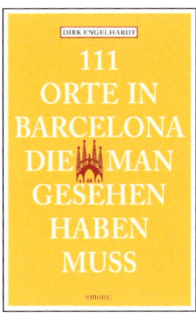

Dirk Engelhardt
111 Orte in Barcelona, die man gesehen haben muss
ISBN 978-3-95451-066-5

Uwe Ramlow
111 Orte im Tessin, die man gesehen haben muss
ISBN 978-3-95451-840-1

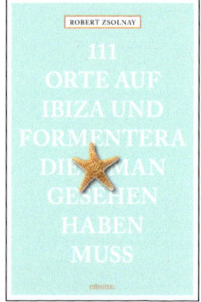

Robert Zsolnay
111 Orte auf Ibiza und Formentera, die man gesehen haben muss
ISBN 978-3-95451-831-9

Gerd Wolfgang Sievers
111 Orte in Venedig, die man gesehen haben muss
ISBN 978-3-95451-352-9

Annett Klingner
111 Orte in Rom, die man gesehen haben muss
ISBN 978-3-95451-219-5

Ralf Nestmeyer
111 Orte in der Provence, die man gesehen haben muss
ISBN 978-3-95451-094-8

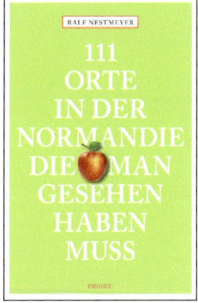

Ralf Nestmeyer
111 Orte in der Normandie, die man gesehen haben muss
ISBN 978-3-95451-839-5

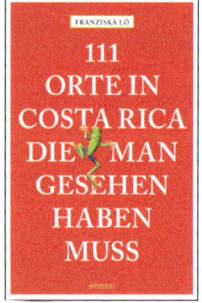

Franziska Lô
111 Orte in Costa Rica, die man gesehen haben muss
ISBN 978-3-7408-0245-5

Fabrizio Ardito
111 Orte in Umbrien, die man gesehen haben muss
ISBN 978-3-7408-0238-7

Gordon Streisand
111 Orte in Miami und auf den Keys, die man gesehen haben muss
ISBN 978-3-95451-846-3

Beate C. Kirchner
111 Orte in Florenz und im Norden der Toskana, die man gesehen haben muss
ISBN 978-3-95451-513-4

Marx de Morais
111 Orte in Turin und im Piemont, die man gesehen haben muss
ISBN 978-3-95451-736-7

  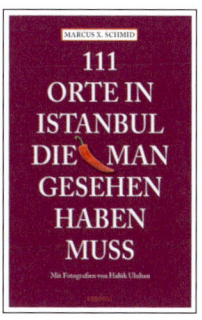

Laszlo Trankovits,
Rüdiger Liedtke
111 Orte in Kapstadt, die man gesehen haben muss
ISBN 978-3-95451-456-4

Petra Sophia Zimmermann
111 Orte am Gardasee und in Verona, die man gesehen haben muss
ISBN 978-3-95451-344-4

Halûk Uluhan,
Marcus X. Schmid
111 Orte in Istanbul, die man gesehen haben muss
ISBN 978-3-95451-333-8

Lust auf mehr? Laden Sie sich die »LChoice«-App runter, scannen Sie den QR-Code und bestellen Sie weitere Bücher direkt in Ihrer Buchhandlung.

Die Autorinnen

Kirsten Lux lebt seit 2005 auf La Palma und hat ihre Insel für das Buch noch einmal neu kennen- und lieben gelernt. Wenn sie nicht gerade Hotelgäste massiert oder mit ihren beiden Kindern beschäftigt ist, krault sie gerne und ausdauernd im Atlantik oder streift durch die Natur und Kulturwelt ihrer Wahlheimat.

Lisa Graf-Riemann studierte Romanistik und Völkerkunde und ist seit 2009 freie Autorin. Sie hat sieben Kriminalromane und mehr als ein Dutzend Reisebücher und Spanisch-Lehrwerke geschrieben. Sie lebt in den Alpen, im Berchtesgadener Land. Nach La Palma kam sie mit einer gemeinsamen Freundin, um Kirsten und die Kinder wiederzusehen. Bei nur einem Besuch ist es glücklicherweise nicht geblieben.

Danksagung

Wir danken Fernando Rodríguez Sánchez und »Palmeros en el Mundo« dafür, dass er seine wertvolle Text- und Fotosammlung allen Interessierten so großzügig zur Verfügung stellt, und dem Historiker Francisco Acosta, dass er sich so viel Zeit für Gespräche genommen hat. Muchas gracias a los dos. Ein ganz besonderer Dank geht außerdem an die enthusiastischen Astrophysiker des MAGIC-Teleskops für die Einladung ins Observatorium.